MUSÉE CHARLES X.

MONUMENS ÉGYPTIENS.

NOTICE

DESCRIPTIVE

DES MONUMENS ÉGYPTIENS

DU

MUSÉE CHARLES X.

Par M. CHAMPOLLION le jeune,

CONSERVATEUR DES ANTIQUES DU MUSÉE ROYAL
DU LOUVRE,

(SECONDE DIVISION).

A PARIS,

DE L'IMPRIMERIE DE CRAPELET,
RUE DE VAUGIRARD, N.º 9.
1827.

AVERTISSEMENT.

———

Les collections de monumens égyptiens que réunit le zèle si louable des amateurs, sont, en général, formées dans l'unique but d'éclairer l'histoire de l'art, et d'apprécier, comparativement, les procédés de la sculpture et de la peinture à différentes époques et chez des nations diverses. On étudie ainsi la direction que prirent les arts du dessin chez des peuples dont le génie se développa de lui-même, ou par l'imitation d'ouvrages antérieurs. Il est donc naturel que l'on suive d'abord, dans l'arrangement de ces collections, l'ordre même des matières dont ces monumens sont formés, et qu'en rapprochant, par exemple, tous les *bronzes* d'une même époque, abstraction faite de leur sujet, on consulte l'œil et toutes les convenances de proportion.

Mais l'importante et nombreuse suite de monumens égyptiens, dont la munificence royale vient d'enrichir le Musée Charles X, devant, en quelque sorte, servir de sources et de preuves à l'histoire toute entière de la nation égyptienne, avait besoin d'être coordonnée sur un plan différent; il fallait, de toute nécessité, avoir égard à la fois, soit au *sujet* même de chaque monument, soit à sa *destination* spéciale, et que la connaissance rigoureuse de l'un et de l'autre déterminât la place et le rang qu'il devait occuper. Il fallait enfin les disposer de manière à présenter, aussi complète que possible, la série *des divinités*, celle des monumens qui rappellent les noms des souverains de l'Égypte, depuis les époques primitives jusqu'aux Romains, et classer dans un ordre méthodique les objets qui se rapportent à la vie publique et privée des anciens Égyptiens. On aura donc ainsi la réunion systématique des monumens relatifs à la *religion*, à l'*histoire des rois*, et aux *usages civils* des Égyptiens.

Tel est le but que l'on s'est efforcé d'atteindre, et quelques difficultés que semble présenter d'abord une telle entreprise, puisqu'il s'agit de monumens, sujets habituels de tant d'aberrations, et que l'on avait coutume de considérer comme inexplicables, les nouvelles découvertes sur le système graphique de la vieille Égypte ont fourni néanmoins des lumières suffisantes pour soumettre ces monumens si variés à une classification rigoureusement méthodique, et que les découvertes futures confirmeront de plus en plus. L'état actuel des études sur les trois sortes d'écritures égyptiennes , est en effet assez avancé pour qu'on ait profité avec avantage des inscriptions qui , décorant presque tous les produits de l'art égyptien , en indiquent expressément le sujet et la destination : la présence de ces inscriptions sur le plus grand colosse comme sur le plus petit amulette , rend, pour l'avenir, l'étude des monumens égyptiens beaucoup moins conjecturale que ne l'est encore celle des monumens grecs ou romains qui , pour la plupart , sont totalement dénués d'inscriptions explicatives.

OBSERVATIONS.

Les monumens dont le n° est accompagné d'un astérisque *, sont placés dans les salles égyptiennes du rez-de-chaussée. Les monumens qui né portent point encore de n°, sont arrivés au Musée après l'impression de cette Notice.

Chaque division principale des monumens est marquée d'une lettre de l'alphabet, et chaque lettre a une série particulière de numéros à compter du chiffre 1. Chaque étiquette se compose donc d'une lettre et d'un nombre, et cette lettre est placée en tête de chaque page de cette Notice, afin que le public y trouve, sans confusion, la description du monument étiqueté qu'il a sous les yeux.

TABLE

DES DIVISIONS

ADOPTÉES DANS CETTE NOTICE.

1°. SALLE DES DIEUX.

2°. SALLE CIVILE.

3°. SALLES FUNÉRAIRES.

MUSÉE CHARLES X.

COLLECTION ÉGYPTIENNE.

SALLE DES DIEUX.

(IVe SALLE DU MUSÉE.)

A. IMAGES DE DIVINITÉS ÉGYPTIENNES,

Classées suivant le rang que tenait chacune d'elles dans le système théogonique.

La plupart des statuettes et des figurines dont se compose cette section, furent des objets d'un culte privé rendu dans l'intérieur des familles, ou des amulettes portés par esprit de religion : de là vient d'abord que beaucoup de statuettes offrent sur leurs bases des invocations à la divinité qu'elles représentent, en faveur de simples particuliers des deux sexes (voir les n°ˢ 63 , 67, 136–147, etc., etc.), et qu'en second lieu, le plus grand nombre des figurines ont une bélière sur quelques unes de leurs parties.

1

A. 1. — *Bronze.* FIGURE PANTHÉE ; Tête humaine barbue, les yeux incrustés en or, et réunissant les emblèmes caractéristiques des principales divinités de l'Égypte. C'est l'image du *grand* PAN, Dieu et l'univers personnifiés.

2 — *Idem.* Le dieu suprême HEMÈPH ou KNÈPH, assis dans une attitude de repos parfait. — Le front est orné de l'*uræus*, symbole de la toute-puissance ; de longues plumes décoraient sa tête. — Collier incrusté en or.

3 — *Idem.* KNÈPH debout, la tête surmontée de longues plumes disposées circulairement. Le dieu tient dans ses mains la zone, ou cordon mystique.

4 — *Idem.* Le même dieu.

5 — *Idem.* Partie supérieure d'une statuette de la même divinité.

6 — *Terre émaillée* : le même dieu debout, et sans insignes.

7 — *Bronze.* Le dieu suprême KNÈPH-BOUCÉPHALE, portant alors le nom de *Pmôou*, l'eau primordiale, le principe de toutes choses ; le dieu *Océan*, ou *Nil céleste.*

8 à 32 — *Bois, bronze et terre émaillée* de diverses hauteurs et nuances. — Le dieu GOM, DJÈM ou CHÔNS, l'Hercule égyptien, une des formes de *Knèph-Démiurge*, coiffé de longues palmes, face barbue, partie antérieure du corps entièrement nue, partie postérieure couverte d'une peau de lion. Forme générale de *pygmée* ou de *patæque.*

33 à 35 — *Idem.* Le même dieu accroupi.

A. 35 *bis* — *Calcaire.* Moule d'une grande figurine d'*Hercule-Démiurge*, vue de profil.

36 à 40 — *Idem.* Le même dieu debout, et à double face.

41 à 44 — *Idem.* Têtes du même dieu ayant servi d'amulettes.

45 — *Bois.* Le dieu Djôm *Démiurge*, debout sur le calice épanoui d'un *lotus*, emblème du monde matériel, et tenant dans ses mains un disque.

46 — *Bronze.* Le même dieu sur la fleur de lotus, les bras appuyés sur ses hanches.

47 — *Idem.* Base d'une statuette de la même divinité.

48 — *Terre émaillée.* Le même dieu debout entre deux *uræus* dressées, les bras élevés, et portant des emblèmes sur ses mains.

49 — *Bois peint.* Le Démiurge ailé, debout, les bras relevés, et portant sur ses mains le caractère hiéroglyphique exprimant l'idée des *biens* célestes et terrestres.

50 à 54. — *Bronze.* Amon-Ra, le roi des dieux, le maître suprême des trois zones de l'univers; le dieu Éponyme de Thèbes, le Jupiter égyptien. Sa coiffure est surmontée de longues plumes ou palmes. Le dieu foule aux pieds *neuf arcs* emblème des peuples barbares de la Libye.

55 à 58 — *Serpentine.* Le même dieu debout, ou assis.

59 à 61 — *Porcelaine émaillée.* Le même dieu, debout.

62 — *Bronze.* Le dieu Amon-Ra, debout, tenant

de la main droite l'emblème de la *vie divine*, et de la gauche le sceptre de *bienfaisance*. Collier incrusté en or. On lit sur sa ceinture l'inscription *Amon-Ra, seigneur des trois zones de l'univers*, également incrustée en or.

A. 63 — *Bronze.* Le même dieu, portant jadis les mêmes insignes. Sur la base, l'inscription hiéroglyphique, *Amon-Ra, seigneur de la région de Oph* (nom mystique de Thèbes).

64 à 66 — *Idem.* La même divinité.

67 — *Idem.* AMON-RA NICÉPHORE. Le dieu, debout, tenant l'emblème de la victoire, et foulant aux pieds les neuf *arcs* symboliques. Les yeux sont incrustés en or, ainsi que le collier et la ceinture. La base porte l'inscription suivante : *Amon-Ra, roi des dieux, seigneur des zones de l'univers, accorde une vie heureuse à toujours, à son adorateur Hora, fils de Kharo.* Ce dernier nom est celui du possesseur primitif de la statuette.

68 à 71 — *Idem.* Image de la même divinité, sous les mêmes attributs.

72 — *Serpentine.* Statuette représentant AMON-RA, assis sur un trône.

73 à 77 — *Bronze.* Le même dieu assis.

78 — *Peinture sur toile.* AMON-RA PANTHÉE ; le dieu Ammon, présenté sous tous ses attributs réunis. La tête humaine est surmontée de la coiffure caractéristique du dieu, se détachant sur le disque du soleil flanqué de huit têtes de béliers ; le corps, à quatre bras et six ailes, se forme de la combinaison de parties de volatiles ou d'animaux terrestres et aquatiques, l'*épervier*, le *lion*, le *scarabée* et le *crocodile.* Cette image d'Ammon

présente le dieu, comme le père et l'âme de l'*univers terrestre* qui lui-même était considéré comme une simple forme d'Amon-Ra. Les légendes hiéroglyphiques tracées des deux côtés de cette curieuse peinture, signifient : *Amon-Ra, roi des dieux, Ammon ordonnateur du firmament, accorde une vie heureuse à Amosis, fils d'Iséran.*

A. 79 — *Cartonnage de toile, peint.* Au centre de ce disque est figuré le dieu AMON-RA PANTHÉE, à double face, ailé, entouré des emblèmes des *quatre élémens.* La légende porte MEN-RA, *seigneur des zones du monde matériel.*

80 — *Calcaire rougeâtre.* Groupe représentant le dieu AMON-RA, et sa première émanation, la déesse BOUTO, ou THERMOUTHIS (*la grande mère*), MOUTHIS (*la mère*), forme primitive de NEÏTH. L'appui postérieur de ce groupe porte quatre colonnes d'hiéroglyphes, contenant les noms et les titres de ces deux grandes divinités.

81 à 85 — *Bronze, serpentine et terre émaillée.* La déesse THERMOUTHIS, dans son attribution de mère divine des dieux et des êtres mondains, la tête ornée du *vautour*, emblème de la maternité, et surmontée de la coiffure *pschent*, signe de la domination sur les régions supérieures et inférieures.

86 à 90 — *Bronze.* La même déesse debout, mêmes insignes, tenant de la main droite l'emblème de la vie, et un sceptre de la gauche.

91 — *Idem.* La déesse BOUTO ou THERMOUTHIS assise, nourrissant le dieu *Khons*, le premier né d'*Amon-Ra.* (L'image du jeune dieu est détruite).

A. 92 — *Bois.* La déesse Neïth, la Minerve de Saïs, le type primitif de l'*Athène* des Grecs, coiffée de la partie inférieure du *pschent*, l'inventrice des arts.

93 à 102 — *Bronze, terre émaillée et lapis.* La même divinité, debout.

103 — *Bronze.* La déesse Neïth debout, tenant de la main droite l'emblème de *la vie*, et un sceptre de la main gauche. Inscription fruste sur la base.

104 à 106 — *Porcelaine émaillée.* Neïth debout, nourrissant deux crocodiles.

107 à 120 — *Terre ou porcelaine émaillée.* Le dieu Chnouphis à tête de bélier, l'une des formes d'Ammon : le *Jupiter-Nilus*, le principe humide, dieu présidant à l'inondation.

121 à 123 — *Bronze.* Chnouphis Nicéphore, tenant dans sa main droite l'emblème de la victoire, et celui de *la vie* dans la gauche.

124 — *Idem.* Ammon-Chnouphis, *Amon-Ra* et *Chnouphis* combinés : le *Jupiter — Ammon* des Grecs et des Romains, caractérisé par sa tête de bélier; l'âme du monde.

124 bis — *Fragment de papyrus.* Le dieu Nilus (*le Nil terrestre*), nommé Hap-Môou dans les textes hiéroglyphiques, et qualifié de *père des dieux* : c'est la personnification du fleuve qui arrose l'Égypte, considéré comme une image visible de *Pmoou* (A. 7) et de *Chnouphis*. Le bouquet de lotus qui surmonte sa coiffure se rapporte au fleuve d'Égypte, avant l'époque de l'inondation, du temps des basses eaux.

A. 125 — *Bronze.* La déesse SATÉ ou SATI, la compagne du dieu *Chnouphis*, L'*Héra* ou la *Junon* égyptienne.

126 — *Bois.* La même déesse assise sur un trône.

127 — *Idem.* Le dieu AMMONHORUS, Ammon générateur, le *Mendès*, le *Pan* et le *Priape* des Egyptiens, la tête surmontée de longues plumes et tenant de sa main droite le fouet mystique. L'inscription de la base apprend que ce dieu est à la fois le premier né des dieux, *Amon-Ra*, et le dernier né des dieux, *Horus fils d'Isis.* Les dieux *Mandou* et *Harsièsi,* sont gravés au trait sur la stèle qui sert de soutien à la statuette.

128 à 133 — *Bronze et terre émaillée.* Image de la même divinité.

134 et 135 — *Bronze et terre émaillée.* La déesse SOUEN ou SOWAN : *La Lucine* des Romains et l'*Ilithya* des Grecs.

136 — *Bois peint.* Tête symbolique de la déesse ANOUKÉ, compagne de *Chnouphis ;* l'*Hestia* des Grecs, la *Vesta* des Romains. Cette tête, peinte en jaune et à oreilles de vache, est surmontée de plumes ou palmes de diverses couleurs. Sur la partie supérieure de la base est inscrit, en caractères hiéroglyphiques, un acte d'adoration à la *déesse Anouké, dominatrice de la contrée Orientale, rectrice de tous les dieux, œil du Soleil,* etc.

137 — *Bronze.* Le dieu HAROERI, ou HORUS l'aîné, sous la forme d'un enfant assis ; à sa coiffure surmontée d'emblèmes qui sont particuliers à cette divinité, est attachée une anse en forme de tresse

de cheveux nattée. La base porte en caractères hiéroglyphiques l'inscription suivante : *Horus le premier né d'Ammon.*

A. 138 — *Bronze.* Le dieu HAROERI-HARPOCRATE debout, portant le doigt sur sa bouche, et tenant l'emblème *de la vie* dans sa main gauche. Seconde forme de l'Hercule-Démiurge.

139 — *Idem.* Le même dieu debout.

140 — *Idem.* HAROERI-HARPOCRATE assis sur un trône supporté par des lions. Inscription à demi effacée sur un des côtés de la base.

141 à 144 — *Idem.* Le même dieu assis.

145 — *Idem.* Le dieu KHONS ou CHONS ; *androcéphale*, enfant, l'une des formes d'*Haroeri* ou d'*Harpocrate*, *fils d'Ammon*. Cette divinité a la tête couverte du casque à anse, surmonté du disque et du croissant de la lune.

146 — *Idem.* Le même dieu adulte : la coiffure *claft* est surmontée du disque et du croissant.

146 *bis.* — *Bronze et émaux.* Poignée d'Ægide avec ornemens incrustés en lapis. — Sur la partie supérieure *Bouto-Thermouthis* dans un naos présentant le sein au jeune dieu *Khons*, coiffé de la portion inférieure du pschent. — Sur la partie circulaire, *Khons* enfant, assis sur le calice d'un lotus au milieu de tiges de la même plante.

147 — *Idem.* Le dieu KHONS, HONSOU ou CHONSOU : le dieu *Lunus* des Egyptiens, l'une des formes d'*Harpocrate*, fils d'Ammon ; adulte ; son corps est enveloppé jusque sous la plante des pieds, par un vêtement étroit. Le dieu est casqué comme les précédens, et tient dans ses mains

le sceptre divin, le fouet et le *pédum*, emblème de son pouvoir modérateur et bienfaisant. Sur sa base l'inscription hiéroglyphique : *Le dieu Chonsou, surnommé Nephôth, a dit : J'accorde une vie heureuse à Pethôr, fils de Marshôr* (nom du propriétaire premier de la statuette).

A. 148-152 — *Terre émaillée et bronze.* Images de la même divinité.

153 — *Bronze.* Khons assis ; mêmes insignes que les précédens.

153 *bis* — *Peinture sur papyrus.* Le dieu Khons Lunus dans sa barque symbolique, auprès de laquelle sont des Cynocéphales, emblèmes de la lune en conjonction.

154 — *Idem.* Khons *Hiéracocéphale :* sa tête d'épervier est surmontée du disque et du croissant de la lune.

155-159 — *Terre émaillée et bronze.* Figurines représentant le même dieu.

160 — *Bronze.* Khons *Hiéracocéphale,* assis sur un trône.

160 *bis* — *Idem.* Le même dieu portant le *casque ansé.*

161 — *Idem.* Le même dieu accroupi et entièrement enveloppé d'un vêtement étroit.

162 — *Bronze et pâte bleue.* Statuette représentant le même Dieu et dans la même pose.

163 — Amulette en terre émaillée bleue, représentant la tête du dieu *Khons.*

164 — *Terre émaillée.* Amulette représentant le Khons *Hiéracocéphale,* accroupi au-dessus de

l'emblème de la domination; sur ses genoux est placé le symbole de la vie; à côté, est le sceptre divin; et l'œil droit mystique occupe le centre du disque supporté par le croissant.

A. 165 et 166 — *Terre émaillée*. Amulettes; le dieu *Khons* en pied, tenant l'œil mystique dans ses mains.

167 — *Idem*. KHONSOU-PHTHA : le dieu *Khons* sous la forme d'un nain ou pygmée, la tête couverte du casque à anse.

168 à 184 — *Bois* et *terre*, ou *porcelaine émaillée*. Le dieu PHTHA *Patæque*, enfant, *L'Héphæstus*, ou le *Vulcain* des Egyptiens, figuré sous la forme d'un nain ou pygmée.

185 — *Schiste émaillé*. Le même dieu enfant, avec coiffure et collier.

185 *bis* — *Terre émaillée*. PHTHA - PATÆQUE-*Bifrons*.

186 — *Bois doré*. *Phtha - Patæque - Générateur*, nommé aussi PHTHA-SOCHARIS dans les textes hiéroglyphiques.

187 — *Bronze*. PATÆQUE, subissant le supplice de la cangue.

188 — *Idem*. Figurine semblable à la précédente.

189 — *Terre émaillée*. Le dieu PHTHA-SOCHARIS, corps de pygmée et d'épervier combinés.

190 à 193 — *Idem*. PHTHA-SOCHAR-AMMON, divinité réunissant les formes et les attributs d'Ammon et de Phtha-Patæque.

194 — *Idem*. PHTHA-SOCHAR-CHNOUPHIS, divinité réunissant les formes et les attributs de *Chnouphis* et de *Phtha-Patæque*.

A. 195 à 198 — *Terre émaillée*. PHTHA-SOCHAR-HERMÈS, divinité réunissant les formes et les attributions du dieu *Toth* et de *Phtha-Patæque*.

199 — *Bronze*. Le dieu PHTHA, le *Vulcain égyptien*, divinité éponyme de Memphis, la seconde capitale de l'Égypte; debout, coiffé d'un casque qui se modèle sur tous les contours de la tête; barbu, enveloppé dans un vêtement fort étroit, comme le dieu CHONS-*Harpocrate*, forme primitive de *Phtha* : dans ses mains est le sceptre des dieux bienfaisans.

200 à 203 — *Idem*. Le même dieu. Le sceptre de la figurine n° 203 est combiné avec la tête de *Coucoupha*, le *nilomètre* et l'emblème de *la vie*.

204 à 213 — *Terre* ou *porcelaine émaillée*. Le même dieu debout.

214 — *Serpentine*. PHTHA, surnommé *Seigneur de la Coudée*, ou mesure avec laquelle on appréciait la hauteur des eaux de l'inondation. La base antique de cette statuette représente le profil d'une coudée égyptienne.

215 à 221 — *Terre émaillée*. PHTHA-SOCHARIS, la tête surmontée du *scarabée* emblème de la génération et du monde matériel. Le dieu tient deux *serpens* dans ses mains.

222 à 228 — *Terre, pierre*, ou *porcelaine émaillée*. PHTHA-SOCHARIS, semblable au précédent; les pieds placés sur la tête de deux crocodiles : deux éperviers reposent sur les épaules du dieu. La partie postérieure de ces statuettes représente la déesse *Hathor*, l'épouse de Phtha, le couvrant de ses ailes. Sur les deux côtés on

a figuré les déesses *Isis* et *Nephtys* incarnation d'*Hathor*, dans le troisième ordre des divinités égyptiennes.

A. 229 — *Terre, pierre,* ou *porcelaine émaillée.* Phtha-Socharis, *Bifrons* ou à double face, se présentant d'un côté sous la forme précédemment décrite, et de l'autre sous celle d'un pygmée à tête d'*épervier.*

230 — *Terre émaillée.* Le dieu Tho ou Thoré *Androcéphale*, la tête surmontée du disque sur lequel est figuré un *scarabée*, insecte emblème spécial de Phtha et de Thoré, l'une des formes mystiques du Vulcain égyptien, l'ordonnateur du monde matériel.

231 — *Peinture sur papyrus.* Thoré *Cantharocéphale :* un scarabée, les ailes éployées, remplace la tête humaine du dieu, lequel est assis sur sa *Bari*, ou vaisseau sacré.

231 *bis* — *Idem.* Thoré à tête de scarabée, assis dans un naos, porté sur une *Bari*, ou vaisseau sacré. Isis et Nephtys marchent à la suite.

232-33 — *Bronze.* Phtha *Panthée.* On a donné à ce dieu, à corps de pygmée ailé, la tête et la coiffure d'*Amon-Ra*, accrue de deux grandes cornes de *bouc*, symboles de la puissance génératrice. Le disque est supporté par une tête de *schacal :* à l'extrémité des longues plumes de la coiffure on a sculpté la tête du Démiurge. Des *uræus* se dressent sur les cornes de bouc, et vers l'extrémité des deux ailes sont placées les têtes des Taureaux, du Soleil et de la Lune, *Apis* et *Mnévis. Phtha* est debout sur deux *crocodiles*, et tient des *serpens* enroulés autour de ses bras. La face postérieure offre la tête et le corps d'un *vautour*, emblème de la maternité, faisant allusion à la nature bisexuelle, que l'on attribuait au dieu *Phtha*. Cette importante figurine montre que les Égyptiens considéraient *Knèph*, *le Démiurge*, *Ammon* et son premier né *Phtha*, comme des formes d'une seule et unique divinité, présentée dans des attributions diverses.

A. 233 *bis* — *Bois*. Figurine Panthée, à tête de *schacal*, à corps d'*épervier* et en rapport probable avec les précédentes.

234-35 — *Terre cuite*. Le dieu ONOURIS, le *Mars* égyptien, *Patæque*, barbu, soutenant un bouclier de la main gauche et brandissant un glaive de la droite. Cette divinité paraît n'avoir été qu'une forme de *Phtha-Hercule*.

236 — *Bronze*. ONOURIS, *Bifrons*, barbu, à oreilles de lion, tenant un bouclier rond et brandissant le glaive. Sa face postérieure est celle du lion. Le sculpteur a marqué une entaille sur le bord du bouclier, et une blessure sur l'épaule gauche du dieu. Cette figurine se lie au mythe tout égyptien de la mort d'Antée.

237 — *Idem*. ONOURIS, *Patæque*, couvert de la peau de lion, et brandissant son glaive.

238 — *Idem*. Le même dieu, barbu, coiffé de la partie supérieure du pschent, que les pharaons guerriers portent également dans les bas-reliefs militaires. Le court vêtement ou *schenti* qui couvre le milieu du corps, est soutenu par des bretelles croisées. On peut voir une représentation de ce dieu, imberbe, armé d'une lance, sur la stèle numérotée A. 433.

A. 239 à 245 — *Bois, terre* ou *porcelaine émaillée.* La déesse Méréphtha ou Koht, connue des Grecs sous le nom d'Héphæstobule : la grande déesse de Memphis, l'épouse et la compagne du dieu Phtha. Méréphtha, spécialement caractérisée par une tête de lion, n'est qu'une des formes de *Thermouthis* ou *Neïth.*

246 — *Bronze.* La même divinité assise sur un trône richement décoré d'ornemens gravés. Sur le devant du trône, un personnage, nommé *Onkhammon,* est censé adorer la déesse. Derrière le trône est l'*Epervier du Soleil,* les ailes éployées, et tenant dans ses serres l'emblème de la *victoire.*

247 — *Terre émaillée.* Méréphtha *Uræophore.* L'uræus, emblème de la toute-puissance, est dressée sur la tête de la déesse.

248 à 253 — *Porcelaine* ou *Terre émaillée.* Méréphtha *Uræophore* debout, tenant dans sa main soit le sceptre terminé par une fleur de lotus, commun à toutes les déesses, soit le lotus terminé par deux palmes.

254 — *Idem.* La même déesse : l'insigne qui surmontait sa tête a disparu.

255 à 261 — *Argent, bronze, porcelaine* et *terre émaillée.* La déesse Méréphtha, portant sur sa tête le disque du soleil, combiné avec l'Uræus.

262 — *Bronze.* La même déesse debout, tenant une égide. Un Épervier portant les emblèmes du dieu *Khons,* la couvre de ses ailes.

263 — *Idem.* La déesse Méréphtha-Hathor, à tête de lion, debout et coiffée des insignes par-

ticuliers à la déesse *Hathôr*, l'une des formes de *Méréphtha*.

A. 264 à 267 — *Terre émaillée*. MÉRÉPHTHA assise sur un trône, dont les côtés sont ornés de serpens à jambes et bras humains, et travaillés à jour (*Voir* le n° A 269). La déesse tient dans ses mains un instrument encore inconnu.

268 — *Idem*. La déesse MÉRÉPHTHA assise, nourrissant le jeune dieu *Hobs-léontocéphale*.

269 — *Idem*. Divinité représentée sous la forme d'une couleuvre à jambes et bras humains ; l'un des enfans ou l'un des parèdres de la déesse *Méréphtha*.

270 — *Bronze couvert de détails et d'ornemens incrustés en argent*. HATHÔR ou ATHYR, l'*Aphrodite* ou la *Vénus céleste* égyptienne, épouse du di u *Phtha*. La coiffure, formée d'un *vautour* qui recouvre la longue chevelure de la déesse, nattée et entremêlée d'*uræus*, est surmontée d'une sorte de modius composé de douze autres serpens uræus disposés circulairement et qui supportent deux longues *palmes* combinées avec le *disque* du soleil et deux uræus coiffées du *pschent*. Ces insignes sont propres à la *Vénus* égyptienne. L'*Epervier sacré du Soleil* couvre la partie postérieure du corps de la déesse, autour duquel les ailes de l'oiseau sont deux fois repliées. Le nom d'*Hathôr* est inscrit sur la base de cette magnifique statuette.

271 — *Terre émaillée*. La même déesse assise sur son trône.

272 à 274 — *Bronze et albâtre calcaire*. HATHÔR, *mère et nourrice divine*. Les insignes de la déesse,

considérée sous cette attribution particulière, sont le disque combiné avec les cornes de vache. L'enfant auquel Hathôr présente le sein est le jeune *Horus*, fils d'Isis et d'Osiris. La longue et épaisse chevelure tressée et nattée est encore un des caractères distinctifs de cette épouse de Phtha.

A. 275 — *Bronze*. HATHÔR-*Boucéphale*. La déesse à tête de vache, surmontée du disque et des plumes ou palmes.

276 — *Idem*. HATHÔR-*Boucéphale*, *nourrice*, présentant le sein au dieu *Phré* (le Soleil) enfant.

277 à 278 — *Bronze avec incrustations en or*. HATHÔR *terrestre*, la tête coiffée du vautour et surmontée d'un petit *édifice* dans lequel est ordinairement figuré un serpent uræus. C'est à cette forme de la déesse qu'était consacré le grand temple de Dendéra.

279 — *Basalte*. Partie supérieure d'une statuette d'HATHÔR *terrestre* à oreilles de vache.

280 — *Pâte bleue et terre émaillée*. Double tête symbolique d'HATHÔR *terrestre* à oreilles de vache. Sur les deux côtés de la coiffure est figuré le sceptre de la région inférieure.

281 et 282 — Doubles têtes d'HATHÔR *terrestre* à chevelure tressée et nattée; collier à plusieurs rangs, sur les deux côtés duquel deux uræus dressées.

283 à 286 — *Pâte bleue et terre émaillée*. Doubles têtes symboliques de la même divinité. Oreilles de vache, coiffure ordinaire surmontée d'une corniche décorée d'uræus et supportant jadis

le petit édifice symbolique. Collier richement
décoré.

A. 287 — *Terre émaillée et bois doré*. Doubles têtes
d'Hathôr semblables aux précédentes, mais
offrant l'édifice symbolique complet. Sur les deux
côtés, deux femmes sont représentées de relief,
nues et les bras élevés.

288 — *Terre émaillée*. Double tête d'Hathôr coiffée du vautour sacré, dont les ailes recouvrent les
parties latérales de la coiffure en retombant sur
un collier à cinq rangs richement orné. Sur la
corniche décorée d'*uræus* dressées s'élève l'*édifice
symbolique*, orné d'uræus et de tiges de lotus.
La frise est occupée par le scarabée de *Phtha*, les
ailes étendues.

289 — *Bronze*. Double tête d'Hathôr *terrestre*,
portant l'*édifice* symbolique : le collier repose
sur un second édifice dans lequel est une image
de la déesse sous son attribution de *mère*, caractérisée par le disque et les cornes de vache. Ce
dernier édifice, espèce de petit *naos*, repose sur
un disque dans lequel on a figuré la vache sacrée,
emblème d'*Hathôr nourricière*, au milieu de tiges
de lotus épanouis. Des tiges de la même plante,
sur lesquelles se dressent les *uræus*, symboles de
la domination des régions supérieures et inférieures, servent d'encadrement à cette composition,
qui présente réunis la presque totalité des attributs et des emblèmes de la déesse.

289 *bis* — *Fragment de papyrus*. La déesse Hathôr, dominatrice de l'*Occident* ou de l'*Amenti*,
dont elle porte les emblèmes au-dessus de sa
coiffure, tient dans ses bras son époux Phtha-

2 *

Socar - Osiris à tête d'épervier. L'âme d'une femme, nommée *Isoréis*, adore ces deux divinités.

A. 290 — *Bronze.* Le *premier* Thôth, ou *Hermès Trismégiste*, *l'Ancien Hermès*, la science divine personnifiée. Ce dieu, représenté avec une tête d'*épervier*, épanche l'eau d'un vase qu'il tient dans ses mains. C'est une allusion, soit au mélange que fit ce dieu de l'eau et de la matière primitive, pour en composer les formes corporelles des êtres mondains, soit à sa fonction de purificateur des âmes. Le premier Thôth est le soleil du monde intellectuel.

291 — *Idem.* Le dieu Phré *Hiéracocéphale*, roi de l'*hémisphère supérieur* (le Soleil ou le dieu *Hélios* des Grecs), roi du *monde physique*, fils de *Phtha* et de *Neïth*, nourrisson d'*Hathôr* (*voir* A 276), père des dieux de la seconde classe. On donnait à ce dieu une tête d'*épervier*, parce que cet oiseau fut l'emblème de la chaleur et de l'esprit vital. Phré n'est que la forme visible d'*Amon-Ra*, manifesté dans le monde matériel. Cette divinité, adorée dans toute l'Égypte, le fut plus particulièrement dans la ville d'Héliopolis. Le dieu tient le *sceptre* et l'emblème de la *vie*; sa tête est décorée du disque solaire combiné avec l'uræus.

292 — *Terre émaillée.* Le dieu Phré, ou le Soleil enfant, assis sur la fleur épanouie de lotus, et portant la main droite à sa bouche; symbole du *soleil levant*. Sur le dos du jeune dieu est gravé un scarabée.

293 — *Bois peint.* Stèle représentant le dieu

Phré (Soleil) assis, tenant dans ses mains les insignes de modérateur et d'incitateur universel. Le haut du tableau est occupé par les emblèmes du *premier Thôth* et les yeux du *Soleil*, entourés par le caractère symbolique du *Ciel*; à droite et à gauche de la scène sont les emblèmes de l'Orient et de l'Occident. Les légendes hiéroglyphiques nous apprennent que ce tableau représente un acte d'Adoration au dieu *Phré*, l'esprit vital du monde matériel, par un *hiérogrammate*, *prêtre d'Amon-Ra*, nommé *Pétoësis*, lequel y est figuré offrant l'encens au dieu.

A. 294 — *Bois peint.* Stèle représentant comme la précédente, un *Proscynéma*, ou acte d'Adoration au dieu PHRÉ, *brillant de toute sa lumière, roi de l'hémisphère supérieur, dieu grand, seigneur du ciel*, comme porte l'inscription hiéroglyphique contenant la prière ou hymne que le *prêtre d'Ammon*, nommé *Tethkhonsis*, représenté sur la stèle, est censé chanter en s'accompagnant de la harpe.

295 — *Idem.* Autre stèle offrant un acte d'Adoration au dieu PHRÉ, *esprit vital du monde, dieu grand, seigneur du ciel, chef du monde terrestre*, par une jeune femme, nommée *Thmauéi*, qui demande au dieu tous les biens purs désignés dans les trois dernières colonnes de l'inscription hiéroglyphique.

296 à 304. — *Terre* ou *porcelaine émaillée, émaux et diverses nuances d'émaux.* Figurines représentant le dieu Phré.

A. 305 — *Or massif*. Figurine du même dieu, remarquable par la beauté et la finesse du travail.

305 *bis* — *Argent massif*. Le même dieu.

306 — *Bronze*. PHRÉ *Nicéphore*. Le dieu Soleil tenant l'embèlme de la victoire.

307 — *Bois peint*. Stèle dont le petit tableau de droite représente le dieu *Phré* adoré par une Égyptienne nommée *Thabso*, fille du prêtre *Pétaménoph*. Dans la prière inscrite au-dessous des scènes peintes, le dieu *Phré* reçoit les titres d'*esprit vital du monde, dieu grand, seigneur du ciel, rayon de vérité manifesté dans le firmament*.

308 — *Fragment de papyrus*. Le dieu ATMOU, forme du dieu *Phré* (Soleil), dans l'*hémisphère inférieur du ciel*, debout, la tête coiffée du pschent. Sur l'autel placé entre le dieu et la femme qui l'adore, est une couronne de fleurs.

309 — *Bois peint*. Le dieu ATMOU, assis sur son trône, et accordant la *vie divine* à une femme qui lui est présentée par le second Hermès, Thoth, à tête d'ibis.

310 — *Idem*. Stèle représentant les deux formes principales du soleil, PHRÉ à droite, et ATMOU à gauche, adorés par un prêtre d'*Amon-Ra, roi des dieux*, nommé *Tétho*. Les deux inscriptions renferment la généalogie de l'adorateur et les prières qu'il adresse aux deux divinités : le dieu *Phré* y est qualifié de *dieu sauveur, illuminant le monde par sa splendeur, prenant son diadème dans la partie orientale du ciel, grande âme du monde matériel, etc.* Le dieu *Atmou* y reçoit les titres de *dieu régulateur, esprit vital du monde, âme divine qui illumine la région des âmes, etc., etc.*

A. 311 — *Fragment de cartonnage peint*. Le dieu *Phré*, identifié avec le lotus, et paraissant naître de son calice.

312-313 — *Fragment de papyrus*. Forme mystique analogue à la précédente : l'inscription en caractères hiératiques signifie *Sschnin-ouaab* (les lotus saints), *manifestés dans les prairies du soleil* (la demeure des âmes purifiées).

314 — *Bronze*. Le dieu MANDOU, MANDOURI, ou MANDOU-LI, l'une des formes de *Phré*, l'Apollon cytharède égyptien, le dieu de l'harmonie et de la musique, fils de Neïth-Bouto la Latone égyptienne : cette divinité est particulièrement caractérisée par une tête d'épervier supportant un *disque*, et *deux longues plumes* ou *palmes*.

315 à 319 — *Idem*. Le dieu NOFRE-*Atmou*, fils de *Phtha* et de la déesse *Méréphtha léontocéphale*. Ses insignes caractéristiques sont une fleur de lotus épanouie, surmontée de deux longues palmes.

320 — *Idem*. Le même dieu debout, tenant l'ægide mystique de sa mère. Deux chats flanquent les palmes de sa coiffure.

321 à 326 — *Serpentine, émail, porcelaine ou terre émaillée de diverses nuances*. Images en pied de la même divinité.

327 — *Argent massif*. Le même dieu.

328 à 330 — *Terre émaillée*. Le même dieu, les pieds posés sur des lions, animaux consacrés à son père *Phtha*.

331 — *Or massif*. Le même dieu, d'un travail fort remarquable.

A. 332 — *Cartonnage peint.* Les emblèmes et insignes du même dieu.

333 — *Bronze.* Statue du dieu Hobs, nourrisson de la déesse *Méréphtha.* Cette divinité léontocéphale fut particulièrement adorée à Memphis.

334 à 336 — *Terre émaillée.* Le même dieu.

337 à 340 — *Bronze.* Imouth, fils de *Phtha* et de *Méréphtha-Héphœstobule,* l'*Asclepius* ou *Esculape* des Égyptiens, l'inventeur de la philosophie et des sciences communiquées aux hommes. Le dieu est assis sur un trône; sa coiffure est semblable à celle de Phtha son père; un livre ou volume de papyrus est déployé sur ses genoux. Deux de ces figures portent sur leurs bases le nom d'*Imouth,* gravé en caractères hiéroglyphiques.

340 *bis* — *Albâtre calcaire.* Trône et portion d'une statuette représentant le dieu *Imouth.* Les ornemens et décorations du trône sont sculptés avec une grande finesse.

341 — *Bronze. Le second* Thôth, *deux fois grand,* ou *le deuxième Hermès,* incarnation de *Thôth trismégiste* sur la terre. Ce dieu est caractérisé par une tête de l'oiseau *ibis,* son symbole vivant.

342 à 373 — *Émail, porcelaine et terres émaillées de diverses nuances.* Figurines représentant le second Hermès. Thôth *à tête d'ibis,* compagnon d'Osiris dans son incarnation sur la terre; l'instituteur de la religion, des lois et des sciences de la nation égyptienne.

374-375 — *Terre émaillée.* Le second Thôth, *inventeur des mesures.* Cette attribution du dieu est caractérisée par les doigts humains de ses pieds, remplacés par ceux de la pate de l'ibis, oiseau sur le pas duquel on détermina certaines mesures égyptiennes de longueur.

A. 375 *bis* — *Fragment de papyrus.* Le second Thôth, ouvrant aux âmes les portes orientale et occidentale du monde.

375 *ter* — *Idem.* Le second Thôth , *secrétaire d'Osiris* dans l'*Amenti*, écrivant sur une tablette le poids des actions des morts.

376 — *Or massif.* Figurine représentant Thôth à tête d'ibis, *régulateur du cours de la lune*, sous le nom d'Ooh-Thôth. Ce dieu porte l'œil mystique dans ses mains.

377-378 — *Terre émaillée.* Le même dieu Ooh-Thôth ou Ioh-Thôth , la tête surmontée du disque et du croissant de la lune, et tenant l'œil mystique dans ses mains.

379 à 388 — *Lapis.* Figurines représentant le deuxième Hermès, analogues aux n°s 342 à 373.

389 à 391 — *Bronze.* La déesse Thmé ou Smè (la *justice* et la *vérité* personnifiées) , la *Thémis* égyptienne, fille du dieu *Phré*, assise, les bras et les mains enveloppées sous le vêtement qui recouvre le corps jusque sous la plante des pieds. Sa tête est surmontée d'une *plume d'autruche*, son insigne caractéristique.

392 à 396 — *Lapis.* Figurines représentant la même déesse, portées très probablement en amulette par les nombreux fonctionnaires de la magistrature égyptienne.

A. 397 — *Terre émaillée*. La même déesse. Son insigne est en bronze doré.

398 — *Idem*. Partie supérieure d'une figurine en pied, représentant la déesse THMÉ, la tête surmontée du disque de Phré son père.

399 — *Peinture sur papyrus*. Le dieu Sôou, *fils de Phré*, une des incarnations de *Knèph-Hercule* dans le second ordre des dieux égyptiens. Son insigne caractéristique est la *plume d'autruche*, qui lui est commune avec sa sœur *Thmé*.

400 à 422 — *Terre émaillée*. Le dieu Sôou, la tête surmontée du disque lunaire, et élevant ses bras pour soutenir le ciel : c'est l'*Hercule-Lunus*.

423 — *Or massif*. Le même dieu, d'un travail exquis. Même attitude.

424 à 430 — *Terre émaillée*. La déesse TAFNÉ à tête de lion, sœur jumelle de *Sôou :* ces deux divinités se donnant la main forment la constellation des *Gémeaux* dans le fameux zodiaque d'Esnè. Le n° 430 représente la déesse assise sur un trône et tenant le fouet mystique.

431 à 432 — *Bronze*. TAFNÉ debout, portant le *disque* du dieu *Phré* son père.

433 — *Calcaire blanc*. Stèle en forme de naos sur la partie inférieure duquel sont sculptés et peints 1°. le dieu *Ammon-Horus* (*voir* les n°s A 127 à 133); 2°. *la déesse* IOH ou la Lune debout sur un lion, et tenant un serpent et des fleurs de lotus; 3°. le dieu *Onouris* imberbe (*voir* le n° A 238), qui reçoit ici le nom de ROSCH ou ROSCHPOU. Cette dernière divinité porte la coiffure militaire

sur le devant de laquelle est une tête de *gazelle* fixée par un *diadème*, et tient dans ses mains une *lance* et l'emblème de *la vie*. Ces êtres mythiques sont adorés par un *auditeur au palais de Justice*, nommé *Thoni*, suivi de son fils aîné *Soua*, et de toute sa famille, dont chaque membre est représenté, dans une attitude suppliante, sur les côtés et sur la face postérieure du monument.

A. 433 — *Calcaire blanc*. Stèle représentant les serpens mystiques de la Déesse Méré-Sokar.

434 à 442 — *Lapis*. La déesse Selk caractérisée par sa coiffure surmontée d'un scorpion la queue dressée. La ville de *Pselcis* en Nubie fut consacrée à cette divinité qui paraît avoir été un des Parèdres du second *Thoth*.

443 — *Bronze*. Divinité encore inconnue, dont les attributs ne sont pas très distincts.

444 — *Fragment de Papyrus*. Le dieu Sèb ou Sèv, le *Kronos* ou *Saturne* Egyptien, le dernier des dieux de la seconde classe, et le père de ceux de la troisième. — A tête humaine surmontée de la portion supérieure de la coiffure *Pschent*.

445 — *Idem*. Le même dieu à tête de *crocodile*, animal emblème du *temps*, dans la doctrine symbolique. Sous cette forme le dieu Sèv prenait le nom de Sévék, ou Sovk, écrit *Souchis* par les Grecs.

446 — *Bois*. La déesse Netphé ou Natphé, l'une des formes de Nèith parmi les Dieux de la seconde classe ; la *Rhéa* Egyptienne, épouse du dieu Sèv, la mère d'*Osiris*, d'*Isis*, de *Nephtys* et de *Typhon*. La déesse agenouillée déploie ses lon-

gues ailes. Elle porte constamment le titre de *Grande génératrice des Dieux*.

A. 447 à 449 — *Terre émaillée*. La déesse Oph (*Netphé* considérée comme mère de Typhon). Cette divinité est figurée sous la forme d'un *hippopotame* dressé, la tête couverte de la coiffure ordinaire surmontée des insignes de la déesse *Hathôr*.

449 *bis* — *Or*. Figurine de la même divinité.

450 — *Pierre calcaire*. Stèle sur laquelle est représentée la déesse Thaoeri, *Thouéris*, concubine de Typhon ; autre incarnation, de la déesse *Netphé* sous la forme d'un *hippopotame* dressé, la tête ornée du *disque combiné avec des cornes de vache*, et tenant dans ses pates antérieures un instrument indéterminé.

451 à 457 — *Terre émaillée et serpentine*. Images de la même divinité.

458 à 459 — *Spath vert et terre émaillée*. Thaoéris *Léontocéphale*, à corps d'hippopotame combiné avec la tête du lion.

460 à 462 — *Bronze*. Osiris-*Onnophris*, considéré comme dynaste et dominateur des régions supérieures, debout, barbu, enveloppé dans des bandelettes comme un corps embaumé, allusion à sa mort sur la terre; la tête couverte de la 1re portion de la coiffure *pschent* décorée de *l'uræus* royale. Le dieu tient dans ses mains le *fouet* et le *pédum*, emblèmes de sa double faculté d'imprimer le mouvement aux choses et de le suspendre à sa volonté. *Osiris*, incarnation d'Amon-Ra dans le monde terrestre, et le type du *Dionysus*

ou *jeune Bacchus des Grecs*, était regardé comme fils de *Sèv* (Saturne) et de *Netphé* (Rhéa), né le 1er jour Epagomène.

A. 462 *bis* — *Fragment de papyrus.* OSIRIS mort et embaumé, couché sur le lit funèbre. Son *âme* plane au-dessus de la momie.

463 — *Bronze.* SOCAR-OSIRIS ou *Osiris-Socharis*, Osiris identifié avec *Phtha Socaris* dont l'emblème spécial (les cornes) est combiné avec la coiffure flanquée de deux plumes d'autruche symboles de la *justice*. La base de cette belle statuette porte l'inscription hiéroglyphique suivante : *Osiris, vivifiez Harsiaménétis, née de Tahorsé, fille de dame Phtahétis.*

463 *bis* — *Bois peint et doré.* Le dieu SOCAR-OSIRIS, debout, la tête décorée de la coiffure de *Phtha-Socharis.*

464 à 469 — *Bronze.* Le même dieu. L'une de ces figurines présente quatre *uræus* dressées sur les épaules du dieu et deux vers la pointe des cornes.

470 à 484 — *Idem.* OSIRIS - *Pethempamentés*, c'est-à-dire Osiris roi de l'*Amenthès* ou *Amenti*, la contrée occidentale, l'enfer égyptien, le lieu où la conduite des âmes sur la terre était examinée. Les plumes d'autruche placées sur les côtés de la coiffure du dieu rappellent sa qualité de juge suprême des morts. Sur la base du n° 484 est gravée l'inscription : *Osiris, Onnophris* ou *Sanophris* (l'auteur de tout bien), *vivifiez Petosiris, fils de Pethorus.*

484 *bis* — *Bois peint.* OSIRIS, *roi de l'Amenthès*, debout, la coiffure ornée du *disque* solaire.

A. 485 — *Basalte.* OSIRIS *Pethempamentés*, debout, et d'un excellent travail. La base, et l'appui de cette statuette imitant la forme d'un obélisque, sont couverts d'inscriptions hiéroglyphiques contenant une invocation adressée au dieu par le hiérogrammate *Phtahétis*, fils de l'hiérogrammate *Khonsousonb.*

486 à 488 — *Serpentine et bois doré.* Le même dieu.

489 à 492 — OSIRIS identifié avec le soleil.

492 *bis* — *Argent.* Le même dieu debout.

493 — *Porcelaine émaillée. Osiris-Sarapis*, présidant à l'inondation du fleuve. La tête du dieu est remplacée par les quatre corniches du *nilomètre* surmontées de la coiffure de *Socar-Osiris.*

494 à 500 — *Email et terre émaillée.* Le même dieu sous la forme complète de *nilomètre* portant la coiffure de *Phtha-Socharis.*

501 à 515 — *Porcelaine ou terre émaillée.* OSIRIS, *seigneur de la région de Stabilité*, sous la simple forme de *nilomètre*, sans autres insignes distinctifs.

516 à 522 — *Cornaline.* Le même dieu.

523 à 532 — *Lapis.* Le même dieu.

533 à 537 — *Verre bleu ou pâte imitant le lapis.* Le même dieu.

538 — *Bronze.* OSIRIS *identifié avec le soleil*, assis sur un trône.

539 à 543 — *Roche, serpentine et albâtre.* OSIRIS *Pethempamentés*, le juge des morts assis sur son trône. L'une de ces figurines est dorée.

A. 544 — *Bronze.* Le dieu Osornéfôth, une des nombreuses formes d'Osiris. La chevelure du dieu divisée en flocons réguliers, est surmontée du *pschent* à la partie supérieure duquel sont fixées les *plumes* de la coiffure ordinaire d'Osiris. Deux lions debout flanquent la base de cette statuette.

544 *bis* — *Cartonnage de toile peint.* Osiris *Hiéracocéphale*, dominateur des régions supérieures.

545 — *Bronze.* Le même dieu. Osiris, surnommé *Néfôth* ou *Néféróth*, debout, tenant le sceptre des dieux bienfaisans et l'emblème de la vie ; mêmes insignes que le précédent à l'exception des plumes d'autruche. Les poignets, le haut des bras et les jambes sont ornés de bracelets ou de périscélides en argent. — La base porte le nom du dieu en caractères hiéroglyphiques.

545 *bis* * — *Granit rose.* Groupe représentant les Dieux Néfôth, Osiris et Harsiesi hiérocéphale.

546 à 547 — *Idem.* La même divinité : le nom du dieu *Néfôth* est inscrit sur la base du n° 547.

548 et 549 — *Bronze.* Osiris, *Ophiocéphale*, sous forme humaine à tête de *couleuvre.* (*Voir* le papyrus, R. n° 1).

550 — *Idem.* Divinité encore inconnue, caractérisée par une sorte de croix, fixée sur le haut de sa coiffure.

551 à 553 — *Terre émaillée et bois.* La déesse Isis, fille de *Netphé*, épouse d'Osiris, *Neith* incarnée pour organiser la société humaine. Le *disque*

et les *cornes* de vache caractérisent la déesse dans son attribution de *Mère divine*.

A. 554-555 — *Bronze.* Isis *Nourrice*, présentant le sein à son fils *Horus.*

556 — *Spath-vert.* La même déesse allaitant Horus; d'un travail très fini. Les yeux et les insignes de la coiffure étaient rapportés en métal.

556 *bis.* — *Argent.* La même déesse.

557 à 559 — *Serpentine.* La même déesse.

560 à 565 — *Porcelaine et terre émaillée de diverses nuances.* Isis, allaitant son fils *Horus.*

566 — *Basalte vert.* Groupe semblable. Sur la partie postérieure du trône est gravée, en très beaux hiéroglyphes, une courte prière adressée à la déesse *Isis Mère divine*, par un nommé *Aménétis, fils de Thanoub.*

566 *bis.* — *Or massif.* Figurine représentant la même déesse, distinguée par l'admirable finesse du travail.

567 à 569 — *Bois doré.* La même divinité.

570 à 588 — *Bronze, serpentine et terre émaillée.* La même déesse.

589 — *Bronze.* Isis *Ptérophore.* La déesse debout, la tête ornée du *vautour* et des autres insignes de *Mère divine*, étend de longues ailes attachées sous les bras et prenant naissance aux épaules. Sur la base est gravée l'inscription hiéroglyphique : « *Déesse Isis, vivifiez Imouth, fils de Horbès.* »

590 — *Idem.* Statuette semblable à la précédente. Les ailes prennent ici naissance au corps d'un *vautour*, gravé sur les reins de la déesse.

A. 591 — *Bronze.* Isis *Terrestre et reine de l'Amen-thès*, ou *Isis Infernale*, caractérisée par le trône qui surmonte sa coiffure.

592 à 604 — *Terre émaillée, porcelaine et lapis.* Figurines représentant la même déesse et sous les mêmes attributions.

605 à 619 — *Terres émaillées et porcelaines de diverses nuances.* La déesse *Isis Terrestre*, nourrissant son fils Horus. Le n° 616 est une porcelaine remarquable par la finesse et la beauté du travail.

620 — *Bois peint.* Isis *veuve*, agenouillée et pleurant la mort d'*Osiris* son frère et son époux.

621 à 622 — *Cartonnage peint et terre émaillée.* La même déesse.

623 à 651 — *Porcelaine et terre émaillée de diverses nuances.* La déesse NEPHTYS, sœur d'Osiris et d'Isis, fille de *Netphé* et de *Sév*, mère d'*Anubis*, et nourrice d'*Horus*. La corbeille et l'espèce d'édifice qui surmontent sa coiffure expriment son vrai nom égyptien *Nèv-ty*.

652-653 — *Lapis et verre imitant le lapis.* La même déesse.

654 — *Bois peint.* La déesse NEPHTYS, déplorant la mort de son frère *Osiris*.

655 à 667 — *Terre émaillée et porcelaine.* Isis, et sa sœur NEPHTYS, donnant la main à HORUS enfant, leur fils et nourrisson.

668 — *Bois.* HORUS ENFANT. Ce jeune dieu, fils d'Isis et d'Osiris, est représenté debout, la tête couverte d'une sorte de calotte ou casque en

métal, avec une poignée imitant la forme d'un flocon de cheveux tressés.

A. 668 *bis* — *Basalte vert.* Le même dieu.

669 — *Terre émaillée.* HORUS *enfant*, accroupi. L'uræus de la coiffure était en métal rapporté.

670 — *Idem.* HORUS *enfant*, assis.

671 — *Bronze.* Le même dieu.

672 — *Idem.* HORUS *enfant*, assis. Le casque et le collier de cette statuette remarquable étaient rapportés ; les paupières sont incrustées en lapis.

673 à 681 — *Terre émaillée, lapis, bronze et serpentine.* HORUS-HARPOCRATE , c'est-à-dire le dieu Horus, fils d'Osiris, considéré comme une incarnation du dieu *Khons,* le premier Harpocrate. Cette forme d'Horus est caractérisée par l'index de la main gauche portée sur les lèvres.

682 à 685 — *Bronze.* HORUS-HARPOCRATE , assis.

685 *bis* — *Grès.* Statuette représentant le même dieu assis.

686-687 — *Bronze.* HORUS, *dominateur des régions supérieures et inférieures*, coiffé du pschent, le vase *heri* suspendu au cou. L'une de ces statuettes porte ce dernier ornement incrusté en or.

688 à 694 — *Bronze, serpentine et terre émaillée.* HORUS-HARPOCRATE dominateur des régions supérieures et inférieures.

695 — *Bronze.* HORUS *Harpocrate*, de travail romain.

696 à 700 — *Serpentine, pierre ollaire, calcaire*

émaillé. Cippes représentant en relief le dieu
Horus, identifié avec le *grand Pan* et avec *Hercule-Démiurge*, le vainqueur de Typhon, dont
il tient dans ses mains les animaux symboliques,
les *couleuvres*, les *scorpions*, le *lion* et l'*oryx* ou
chèvre du désert. Le dieu foule aux pieds deux
crocodiles et un grand *serpent* (n° 697), qui
paraît être *Apophis*, l'ennemi des dieux, forme
primordiale de Typhon parmi les dieux du
deuxième ordre. La partie postérieure de ces
cippes, chargée d'inscriptions hiéroglyphiques,
porte une invocation au dieu *Horus*, qu'on
y qualifie de *dieu sauveur*, *fils d'un dieu
sauveur*, *Taureau*, *fils de Taureau enfanté
par une déesse*, *Horus*, *manifesté par Osiris*, *né
d'Isis*, etc.

A. 701 à 720 — *Serpentine, spath vert et lapis.*
Horus *Hiéracocéphale*, forme du dieu considéré,
soit comme vainqueur de Typhon, soit comme
parèdre de son père Osiris dans l'Amenthès, où il
procède à l'examen de la conduite des âmes sur
la terre.

721 à 741 — *Porcelaine et terre émaillée.* Horus ou
Harsiési (*Horus, fils d'Isis*), à tête d'épervier,
coiffé du pschent symbole de la domination
du dieu sur les contrées d'en haut et d'en bas.
Sous cette forme *Horus* est l'*Apollon* égyptien.

742 — *Bronze.* Horus ou *Harsiési*, combattant
Typhon.

743 à 746 — *Idem.* Le dieu Horammon, c'est-à-
dire *Horus,* fils d'*Osiris* et d'*Isis*, le dernier né dans
la ligne directe des dieux terrestres, identifié avec
Amon-Ra le père et le roi de tous les dieux

célestes. Cette forme symbolique d'Horus termine le cercle entier des émanations divines et se réunit à Ammon, l'être premier qui en est et le point de départ, et l'unique foyer de ces émanations.

A. 747 à 750. — BUBASTIS, sœur aînée d'Horus, la plus jeune des déesses, incarnation de la grande déesse *Méréphtha* sur la terre. Cette divinité, à tête de *chatte*, est revêtue d'une tunique fermée au cou, à manches courtes, et qui paraît être brodée en bandes verticales : elle tient dans sa main droite un sistre, et dans la gauche l'ægide ornée, soit de la tête de *Méréphtha Léontocéphale*, soit de la tête d'*Isis*, sa mère. *Bubastis* est le type de l'*Artémise* des Grecs, la *Diane* des Latins sous toutes ses attributions.

751 à 765 — *Porcelaine, terre émaillée et serpentine.* Le dieu ANUBIS, fils d'*Osiris* et de *Nephtys*, compagnon fidèle d'*Isis veuve.* Ce dieu, caractérisé par sa tête de *schacal*, veilla à la conservation du corps d'Osiris son père ; il présidait à l'art de l'embaumement, et, de concert avec son frère Horus, il pesait la conduite des âmes dans la balance de l'*Amenthès* ou enfer égyptien.

765 *bis.* — *Fragment de papyrus.* Le dieu *Anubis* déposant une momie sur le lit funèbre.

766 — *Terre émaillée.* ANUBIS debout, tenant un nilomètre.

766 *bis.* — *Cartonnage de toile,* offrant deux formes particulières du dieu *Anubis.*

766 *ter.* — *Peinture sur bois.* Stèle dont la scène

médiale représente le dieu ANUBIS *Psychopompe* (conducteur des âmes), introduisant auprès d'Osiris et de sa famille l'âme d'un *hiérogrammate* d'*Ammon*, nommé *Harsiési, fils de Schesschonk*.

A. 767 à 770 — *Bois peint*. Ces figurines paraissent représenter *Typhon*, fils de *Sèv* (Saturne) et de *Netphé* (Rhéa), frère d'Osiris, d'Isis et de *Nephtys* qui devint son épouse. Typhon, nommé BABY, BÉBON et SETH, en langue égyptienne, était une incarnation de l'ancien *Apophis*, ennemi des dieux, et fut considéré comme le principe des maux qui désolent la terre. Meurtrier de son frère *Osiris*, il fut vaincu et chassé de la terre d'Égypte par son neveu *Horus*, auquel cet exploit valut le titre de *vengeur de son père*.

771 à 776 — *Terre émaillée*. Diverses figurines représentant TYPHON. Elles diffèrent essentiellement de CHONS ou *Djom* (*Hercule Démiurge*, A, n°s 8 à 32), par l'absence totale des plumes ou palmes qui surmontent la coiffure de ce dernier. *Typhon* paraît aussi couvert de la peau du lion, comme l'*Hercule égyptien*.

777 — *Bronze*. Le même dieu debout, barbu et entièrement nu.

778 — *Terre émaillée*. Figure d'un *patœque* à tête de lion. Peut-être une forme de *Typhon*.

779 à 785 — *Terre et porcelaine émaillée*. La déesse OMT, sous la forme d'un hippopotame dressé. C'est la constellation de la *Grande-Ourse* dite le *Chien de Typhon*, et le *Cerbère* de l'enfer égyptien.

786 à 795 — *Terre émaillée en vert, bleu, rouge*

et jaune. Figurines en forme de corps embaumé, à *face humaine,* représentant *Amset, Hapi, Soumautf* et *Kebhsniv,* génies enfans d'Osiris, et qui présidaient à l'embaumement des morts.

A. 786 à 797 — *Terre émaillée et peinture sur cartonnage de toile.* Les mêmes dieux avec leurs têtes caractéristiques : Amset *à tête humaine,* Hapi *à tête de cynocéphale,* Soumautf *à tête de schacal,* et Kebhsniv *à tête d'épervier,* tenant dans leurs mains une longue bandelette, symbole de leurs attributions spéciales.

798 à 817 — *Baume, cire dorée, et bois.* Figurines représentant les *quatre génies des morts* sous la forme de momies à têtes symboliques.

818 à 831 — *Terre émaillée de diverses couleurs et cire.* Le dieu Amset, le premier génie des morts.

832 à 840 — *Terre émaillée, et pierre calcaire peinte.* Le dieu Hapi, le second génie des morts.

841 à 849. — *Terre émaillée.* Le dieu Soumautf, troisième génie des morts.

850 à 859. — *Cire, terre émaillée, verre de couleur, et calcaire blanc peint.* Le dieu Kebhsniv, quatrième génie des morts.

870 — *Fragment de papyrus.* Les quarante-deux génies qui font les fonctions de juges des âmes dans le palais *d'Osiris,* sous la présidence de la déesse Rhmei (la *vérité* ou la *justice*), dont ils portent l'emblème caractéristique au-dessus de leur coiffure.

871 — *Idem.* Scène du jugement d'une ame, dans l'*Amenti* ou *enfer égyptien.* L'âme d'un défunt, nommé *Taho,* prêtre d'Ammon à

Thèbes , est représentée , sous des formes corporelles , entre les deux déesses *Vérité* et *Justice*, qu'elle invoque ; *Horus* et son frère *Anubis*, pèsent les actions du mort, symboliquement caractérisées dans les bassins de la *balance* infernale , auprès de laquelle est assis le *Cerbère* égyptien. Le dieu *Thoth* inscrit le poids des actions de l'âme sur sa *palette*, qu'il présente au dieu *Osiris*, le juge suprême, assis sur un trône dans un *naos*. Devant le dieu est un *lotus*, symbole du monde matériel, sur lequel posent les images des quatre génies de l'*Amenti*, enfans d'Osiris, *Amset, Hapi, Soumautf* et *Kebhsniv.* L'inscription hiéroglyphique commençant au-dessus de la tête du dieu *Thoth* signifie : « *Voici* « *ce que dit le second* (ou *double*) *Thoth, seigneur* « *de Schmouin* (Hermopolis), *secrétaire de jus-* « *tice des autres dieux grands : je viens vers toi,* « *ô Osiris, seigneur etc.*, *et je conduis à toi* « *l'Osirien* (le défunt), *prêtre d'Ammon dans* « *Oph, Taho, fils de la dame de maison Taker-* « *Hib, lequel s'est constamment réjoui dans la* « *vérité et dans la justice.* »

B. EMBLÈMES DE DIVINITÉS , ANIMAUX SYMBOLIQUES ET ANIMAUX SACRÉS.

LES Égyptiens avaient choisi parmi toutes les classes des êtres vivans que leur pays nourrissait, un animal qu'ils consacrèrent à chacune des divinités, ou plutôt à chacune des formes de la divinité, objet premier de leurs adorations. Ces animaux sacrés avaient, selon les idées de ce peuple, soit par leur forme, soit par leurs qualités distinctives, réelles ou supposées, des rapports directs avec l'être mythique dont ils étaient les images vivantes dans les temples. Ce fut au dieu, et non à l'animal son emblème, qu'on adressa directement les offrandes et les prières.

Certains dieux égyptiens étant la personnification de deux ou de trois divinités réunies en une seule, il arrive que, pour symboliser cette unité complexe, sous une forme animale, on avait réuni des parties des différens animaux qui représentaient chacune de ces divinités considérées isolément : de là naquit la représentation d'une série d'êtres monstrueux, hors de la nature réelle, et que nous désignerons sous le nom spécial d'*Animaux symboliques.*

B. 1 à 3 — *Terre émaillée.* SPHYNX, animal symbolique, exprimant la sagesse ou l'intelligence unie à la force, et qui, par cela même, devenait successivement l'emblème particulier de chaque *dieu*, en recevant sur sa coiffure l'insigne spécial des différentes divinités (Voir le cercueil de momie, n° 1).

4 à 14 — *Bois peint et lapis.* L'ÉPERVIER, signe symbolique de l'idée *dieu* en général.

15 à 28 — *Bois, bronze orné d'émaux, terre émaillée et lapis.* La vipère URÆUS, l'aspic ou basilic, symbole de l'idée *Déesse;* ce serpent, qui était aussi emblème de la puissance suprême, devient l'emblème spécial de chaque déesse en particulier par les divers insignes placés sur sa tête (*Voyez* B. n°s 185, 149, etc.).

29 à 39 — *Bois peint ou orné d'émaux, bronze et terre émaillée.* La vipère URÆUS, *la tête surmontée du disque,* emblème des déesses filles ou parèdres de *Phré* (le Soleil) et de *Pooh* (la Lune).

40 à 49 — *Bois peint.* AMES DIVINES représentées sous la forme d'un épervier à tête humaine, la coiffure ornée du disque du dieu Pooh (la Lune) dont les âmes habitaient la zône avant leur réunion aux corps.

50 à 51 — *Pâte d'émail.* AMES ROYALES à bras humains, en acte d'adoration. Ces deux figurines étaient primitivement placées sous une image de *Phré* (le Soleil) de la zône duquel partaient les âmes royales pour habiter des corps terrestres.

52 à 60 — *Bois peint, terres émaillées et lapis.* AMES HUMAINES séparées du corps.

61 à 63 — *Bronze et lapis.* Vase symbolique, dont le couvercle représente une tête humaine parée

d'insignes divers. — Symbole des dieux *Cnèph* et *Chnoubis*, l'eau primordiale, principe de toutes choses. Ces monumens sont de l'époque de la domination des Grecs ou des Romains, qui appelaient ces vases mystiques *canopes*, nom qu'on a fort mal appliqué de nos jours aux *vases funéraires* portant les têtes des quatres génies des morts. Le véritable canope égyptien avait pour couvercle une *tête de bélier*, celle du dieu *Chnoubis* ou *Cnouphis*.

B. 64-65 — *Lapis*. Le SERPENT LÉONTOCÉPHALE qui, selon la doctrine orphique, naquit de l'eau primordiale.

65 (*bis*) — *Hématite*. SCARABÉE *à tête de taureau*, emblème du dieu *Pmóou*.

66 à 81 — *Terre émaillée, serpentine, spath vert, granit et basalte*. La GRENOUILLE, emblème de la *matière première*, humide et informe : sous la base du n° 68, on a gravé en creux l'image d'*Hercule Démiurge*.

82 à 93 — *Terre émaillée et* . . . . . Le BÉLIER, emblème vivant des dieux *Amon-Ra*, *Chnouphis* et de la déesse *Neïth*. Cet animal sacré était principalement honoré dans les villes de Thèbes, Hypselis, Saïs et dans la partie Libyque de l'Égypte.

94 — *Calcaire blanc*. Petite stèle représentant un Égyptien adorant le bélier symbolique au-dessus duquel est le nom du dieu qu'il représente, *Amon-Ra, seigneur du ciel*.

95 — *Basalte*. Le BÉLIER A QUATRE TÊTES : emblème d'*Amon-Ra*, l'âme des quatre élémens (voir A. 79).

B. 96 — *Terre émaillée.* Le taureau ONOUPHIS consacré à *Ammon-générateur.*

97 - 98 — *Calcaire peint.* Bas-reliefs représentant le taureau *Onouphis*, image symbolique d'*Ammon - générateur*, nourri à Hermonthis, et nommé aussi *Pacis* : ces deux monumens, d'un très beau travail, proviennent de la catacombe royale du Pharaon *Ousirei*, découverte à Thèbes par l'infortuné et courageux Belzoni.

99 à 102 — *Bois peint, et lapis.* Le VAUTOUR, emblème de *la Maternité*, oiseau consacré à *Neïth-Thermoutis*, sous toutes ses formes successives.

103 à 104 — *Bronze.* ÆGIDES de la déesse *Thermoutis* formées d'un collier *oskh* ou ornement de poitrine plus ou moins riche en décorations, surmonté d'une tête de la déesse coiffée du *pschent*. La poignée adaptée à ces ægides représente un *contre-poids de collier* orné de divers sujets mythologiques.

105 — *Bois.* URÆUS emblème de la déesse *Neïth*, la Minerve de Saïs.

105 *bis* — *Fragment de papyrus.* La VACHE MASRÉ (*génératrice du soleil*) emblème de la déesse NEÏTH, mère du dieu *Phré*.

106 à 107 — *Bronze et terre émaillée.* Le poisson LATUS, nommé BINNI (*l'hirondelle*) en langue égyptienne, emblème *du Nil supérieur*, c'est-à-dire du fleuve au temps de l'inondation.

108 à 114 — Momies du poisson sacré LATUS ou BINNI renfermées dans des cartonnages de toile ou dans des étuis de bois recouverts d'une couche de gypse et peints.

4

B. 115 à 116 — *Bronze.* La MYGALE ou MUSA-RAIGNE, animal consacré à *Neïth-Thermoutis*, ou BOUTO, la *Latone* égyptienne ou les ténèbres primordiales, antérieures à la lumière.

117 à 118 — *Bronze et serpentine.* Deux espèces différentes de LÉZARDS, animaux consacrés à *Latone.*

119 — *Bronze.* Tête symbolique d'*Ammon-Chnou-phis.*

120 — *Pâte d'émail.* URÆUS *à tête de bélier,* emblème du même dieu.

121 — *Verre bleu.* EPERVIER *à tête de bélier,* emblème du même dieu.

122 — *Cartonnage de toile peint.* Le BÉLIER sacré armé du fouet mystique, debout sur un socle ; devant lui un encensoir symbole d'*Ammon-Chnouphis, âme modératrice du monde.*

123 et 124 — *Bronze.* Serpens, emblèmes d'AGA-THODÆMON, ou le *bon génie.*

125 — *Idem.* Coiffure symbolique d'HAROÉRIS, ou le *premier Harpocrate.*

126 — *Porcelaine émaillée.* L'ÉPERVIER, emblème du dieu *Khons,* la tête surmontée du disque et du croissant.

127 à 131 — *Bronze.* L'ICHNEUMON, animal sacré, emblème du dieu *Khons* ou de l'Hercule égyptien.

132-333 — *Terre émaillée.* Le SCARABÉE, emblème primitif du dieu *Phtha.*

134 — *Idem.* Le SCARABÉE, les ailes éployées, emblème de *Phtha-Thoré.*

B. 135 à 144. — *Calcaire blanc, porcelaine, pâte et terre émaillée.* Le Lion, emblème de *Phtha* et d'*Haroéris.*

145 et 145 *bis* — *Terre émaillée et bois peint.* L'Epervier, emblème de *Phtha-Socar-Osiris.*

146 — *Cartonnage de toile peint.* La Bari ou vaisseau symbolique de *Phtha-Socar-Osiris.*

147-148 — *Albâtre et turquoise.* L'Hippopotame, animal sacré, nourri dans la ville de Paprimis, en l'honneur du dieu *Onouris* ou *Mars.*

148 *bis* — *Argent.* L'Ægide de la déesse *Méréphtha.*

149 — *Bois peint.* L'Uræus, emblème de la déesse *Hathor.*

150 à 153 — *Terre émaillée.* La Vache sacrée d'*Hathor.*

154 — *Cartonnage de toile peint.* La Vache sacrée d'*Hathor* portant, en plaque de collier, la tête symbolique de la déesse.

155 et 156 — *Terre émaillée.* Un Sistre à tête d'*Hathor*, et fragmens d'un instrument du même genre.

157 — *Bronze.* L'Epervier du dieu *Phré* (le Soleil.)

158 et 159 — Momies d'Epervier, enveloppées dans des bandelettes et sans étui ni cartonnages.

160 — *Cartonnage de toile peint.* Le Scarabée, emblème du soleil, dans la *Bari* sacrée, au-dessus les yeux mystiques.

161 — *Terre émaillée.* Le Scarabée *de Phré* à tête d'épervier ornée du disque et les ailes éployées.

B. 162 et 163 — Le Hérisson, animal sacré du Soleil. Le n° 163 porte sous sa base l'inscription hiéroglyphique *Phré* (le Soleil), *Seigneur bienfaisant*.

164 et 165 — *Terre émaillée et bronze.* Mnévis, Taureau consacré au Soleil, et nourri dans la ville d'Héliopolis.

166 à 177 — *Terre émaillée et bronze.* Apis, taureau consacré à la Lune, nourri dans la ville de Memphis. Le n° 177 est, comme le *Mnévis* (165) auquel il fait pendant, un travail d'une époque postérieure à celle des n°s 167 à 177, qui sont de véritable travail égyptien et présentent, pour la plupart, tous les caractères distinctifs d'Apis, décrits par les auteurs grecs et latins : le *disque* entre les cornes, le *triangle* gravé sur le milieu du front, un riche *collier*, le *scarabée sacré* sur la nuque, le dos couvert d'une *housse*, enfin le *vautour sacré* sur la croupe. Quelquefois aussi le *croissant* de la lune est gravé sur son flanc droit (n° 170). Le n° 173 offre sur sa base l'inscription : *O Apis ! vivifiez Senkhonsis, fille de Khonsétis*, gravée en caractères hiéroglyphiques.

178 — *Cartonnage de toile peint.* Le taureau Apis Entaphiaste, ministre d'Osiris, courant vers la porte d'un hypogée ou catacombe. On le voit souvent représenté portant sur son dos une momie ou corps embaumé. (*Voyez* les cercueils de momies).

179 à 181 — *Terre émaillée.* Les parties antérieures des taureaux *Mnévis* et *Apis* réunies en sens inverse.

B. 182 à 185 — *Terre émaillée*. Les parties antérieures d'un *taureau* et d'un *lion* réunies en sens inverse.

183 — *Bois*. Le GRIFFON *ailé*, symbole du *dieu* MANDOU, l'Apollon égyptien.

184 à 187 — *Bronze*. L'IBIS, oiseau consacré au second *Thoth* ou le deuxième *Hermès*, symbole du *cœur* et de l'*intelligence* humaine.

188 à 195 — *Porcelaine et terre émaillée*. L'IBIS sacré, ayant devant lui l'image ou l'emblème de la déesse *Thmeï* (la Vérité).

196 — Momie d'IBIS.

197 à 204 — *Bois et terre émaillée*. Le CYNOCÉPHALE, emblème du second *Thoth*, inventeur des lettres et des sciences.

205 à 206 — *Serpentine et terre émaillée*. Le CYNOCÉPHALE de *Thoth*, portant l'œil mystique.

207 à 212 — *Bronze, terre émaillée et serpentine*. Le CYNOCÉPHALE portant le *disque* et le *croissant* sur la tête, emblème du dieu *Ooh-Thoth*, le second Hermès, identifié avec la lune.

213 à 220 — *Terre émaillée, bois et calcaire blanc*. Diverses espèces de SINGES.

221 — *Terre émaillée*. Le SCARABÉE *unicorne* (monocéros), consacré au *second Thoth*.

222 à 223 — *Bronze*. SERPENS, emblèmes de la déesse *Mérésocar*.

224 à 225 — Momies de SERPENS.

226 à 227 — *Bronze*. Le poisson OXYRINCHUS, consacré à *Thoth* et à la *Lune*.

228 à 229 — Momies du poisson OXYRINCHUS, enveloppées dans des cartonnages de toile peints.

B. 230 — *Bois doré.* Le Scorpion, emblème de la déesse *Selk.*

231 à 238 — *Terre émaillée, émail, serpentine et calcaire blanc.* Le Crocodile, emblème des dieux *Sèv* et *Sévék* (Saturne).

239 à 241 — Momies de Crocodiles, enveloppées de bandelettes.

242 à 245 — *Terre émaillée.* Le Lièvre, emblème d'Osiris.

246 — *Cartonnage de toile peint.* Le *Thyrse*, la *peau de Panthère* et la *Coupe*, emblèmes d'Osiris terrestre, le type primitif du *Dionysus* ou *jeune Bacchus des Grecs.*

247 — *Pâte balsamique.* L'oiseau Bennô ou Bennou, l'une des formes d'*Osiris.*

248 — *Pierre calcaire.* L'emblème d'Osorammon ou d'*Osiris identifié avec Ammon* comme *seigneur de l'Orient*, soutenu par deux rois, et flanqué des enseignes sacrées d'Ammon.

249 — *Cartonnage de toile peint.* L'emblème de la *Région occidentale* ou Amenthès, séjour des morts, demeure d'Osiris, dans laquelle les âmes étaient jugées. L'enseigne est surmontée par la *plume d'autruche*, symbole de la *justice.*

250 à 253 — *Bronze.* Ægides symboliques de la déesse *Isis.*

254 à 269 — *Bois peint, terre émaillée.* L'Épervier *sacré*, emblème du dieu *Horus.*

270 — *Bois peint.* Enseigne portant l'Épervier *sacré.*

271 à 280 — *Bronze et terre émaillée.* L'Épervier

sacré d'*Harsiési*, coiffé du *pschent*, comme la forme d'*Horus* dont cet oiseau est le symbole.

B. 281 — *Bronze.* Enseigne portant l'Épervier sacré d'*Harsiési*.

282 — *Terre émaillée.* Les Lions *sacrés*, emblèmes d'*Horus*.

283 — *Idem.* Horus sous la forme d'un Lion à *deux faces*, l'une d'homme et l'autre de lion, foulant aux pieds un *serpent*. Ce groupe se retrouve, en grand, dans les tableaux astronomiques des temples d'Esné et de Dendéra.

284 — *Bronze.* Le Griffon d'Horus *identifié avec Mandou*, l'Apollon égyptien. Cet animal symbolique a un corps de *lion*, la *téte* et les ailes de l'*épervier*.

285 — *Bois.* Crocodile *à téte d'épervier*, l'un des symboles du dieu *Horus*.

286 à 289 — *Lapis.* Le Scarabée *à téte d'épervier*, symbole du dieu *Horus*, identifié avec le soleil.

290 — *Bronze.* Casque du jeune Horus, avec des restes de dorure.

291 à 310 — *Bois, terre émaillée, pâte et bronze.* Le Chat *sacré*, emblème du *soleil*, et la Chatte, emblème de la déesse *Bubastis*.

311 — *Cornaline.* Un Chat couché, les oreilles percées pour recevoir des ornemens précieux.

312 — *Bronze.* Chatte *sacrée*, nourrissant trois petits.

313 — *Idem.* Chatte *sacrée*, jouant avec un de ses petits. Sur la base, une prière à la déesse *Bubastis*, à demi effacée.

B. 314-315 — *Terre émaillée.* Amulette représentant l'ÆGIDE de la déesse *Bubastis*.

316 — *Bronze.* La LOUTRE *sacrée*, les yeux incrustés en or, debout entre deux *chattes.*

317-318—*Pâte et bronze.* Deux espèces de GAZELLES, animaux du désert, emblèmes de *Typhon.*

319 à 326 — La TRUIE, emblème de *Thouéris* et des autres déesses typhoniennes.

327-328 — *Bois.* Le SCHACAL, emblème du dieu *Anubis*, animal sacré de la préfecture Lycopolite.

329 — *Bronze.* Le SCHACAL *sacré*, emblème d'Anubis, debout entre deux *uræus* coiffées, l'une de la partie supérieure du *pschent*, et l'autre de la partie inférieure; c'est le symbole des fonctions diverses que remplissait le dieu et dans les cieux et dans les enfers.

330 à 333 — *Bois peint.* Les deux SCHACALS, *gardiens des deux hémisphères* et *des tropiques.*

334 à 336 — *Terre émaillée.* Le CHIEN, animal sacré de la préfecture Cynopolite.

C. SCARABÉES

*Représentant des divinités ou des emblèmes
de divinités.*

CES amulettes, qui pour la plupart sont
en *porcelaine* ou en *terre émaillée* de couleur
bleue, bleu-perse ou verte, de diverses nuances, portent en relief, sur leur partie supérieure, l'image souvent très finement détaillée d'une espèce particulière d'insecte de
la classe des coléoptères, connu sous le nom
général de *scarabée*. Le dessous de leur base
offre, gravés en creux, divers sujets dont les
uns purement religieux classent naturellement
ce genre d'amulette à la suite des statues et
figurines représentant soit des *divinités*,
soit leurs noms et leurs différens emblèmes.
Les uns et les autres sont également repro-
duits sur les *scarabées*. Ces petits monumens proviennent de colliers, de bagues, ou de
toute autre sorte de parure : peut-être tenaient-
ils aussi, dans l'Égypte primitive, à un usage
bien plus important et sur lequel on ne peut
avoir jusqu'ici que des idées peu arrêtées,
mais qu'une étude plus approfondie pourra
fixer définitivement.

5

C. 1 à 6 — Scarabées représentant le dieu KNÈPH-
Hercule ou le Démiurge.

7 à 16 — Le symbole des eaux de l'OCÉAN ou *Nil
céleste*, principe de toutes choses, combiné avec
les caractères symboliques de *la vie*, la *bienfaisance* et *la stabilité*.

17 à 19 — Le dieu AMON-RA.

20 à 23 — MEN-NÈB, nom mystique d'*Amon-Ra*.

24 à 49 — Le nom d'AMON-RA-SEIGNEUR.

50 à 52 — Le double nom d'AMON-RA.

53 à 68 — Le nom d'AMON-RA combiné avec différens titres divins.

69 à 72 — L'OBÉLISQUE, emblème du même dieu.

73 — AMON-RA, sous la forme du *sphynx*.

74 à 76 — Le CHEVAL, emblème d'*Amon-Ra*.

77 — Le *taureau* PACIS, autre emblème de ce
dieu.

78 et 79 — Le BÉLIER, autre emblème d'*Amon-Ra*.

80 à 82 — Le BOUC, emblème de *Mendès*, ou Ammon-Générateur.

83-84 — Le VAUTOUR, emblème de *Thermouthis*
ou *Bouto*, *la grande mère*.

85 — Tête de la déesse NEITH.

86 — Tête du dieu CHNOUPHIS.

87 à 89 — Le dieu HAPMÔOU, le NIL, forme terrestre de *Chnouphis*.

90 à 96 — Emblèmes du dieu NIL, durant et après
l'inondation.

97 — Emblème du NIL, pendant les hautes eaux
(le Nil supérieur).

C. 98 à 121 — Emblèmes du Nil après l'inondation.
Tête du dieu.

122 et 123 — Le poisson Latus, emblème du Nil,
pendant l'inondation.

124 à 126 — Le nom du dieu Chons.

127 à 128 — Le dieu Phtha.

129 — Le dieu Phtha-*Socar-Osiris*.

130 — Le nom du dieu Phtha, *seigneur de justice*.

131 à 137. — Le Lion *sacré*, emblème de *Phtha*.

138 à 148 — Le Scarabée *sacré*, emblème de
Phtha.

149 — L'Épervier de *Phtha-Socharis*.

150 et 151. — Tête de *Phtha*.

152 — La déesse *Méré-Phtha, souveraine de la
vie*.

153 à 158 — Tête de la déesse Hathôr.

159 — La Vache, symbole d'*Hathôr*.

160 à 163 — Le *premier* Thôth , ou *Hermès trismégiste*.

164 à 168 — L'Épervier et le Disque ailé, emblèmes du premier Hermès.

169 à 173 — Le dieu Phré (le Soleil), fils de
Phtha.

174 à 177 — Le Sphynx *du dieu Phré*.

178 et 179 — L'Épervier du dieu *Phré*.

180 à 188 — Le Scarabée de *Phré* (le Soleil), et
titres du dieu.

189 — Le dieu Soleil, *seigneur des périodes d'années*.

C. 190 à 200 — La Bari, ou *vaisseau symbolique du soleil.*

201 à 208 — Têtes du dieu *Phré.*

209 à 212 — Le Sphynx *du dieu Atmou*, seconde forme du soleil.

213 — L'*Esprit du dieu* Atmou.

214 à 219 — Le dieu Mandou, ou Mandou-Ri. L'Apollon égyptien, troisième forme du soleil.

220 à 223 — Le dieu Thôth, *le deuxième Hermès.*

224 à 230 — Le Cynocéphale, emblème du *second Thôth.*

231 — Le dieu Hobs *Léontocéphale.*

232 à 239 — Le dieu Sôou, *fils du Soleil.* L'*Épervier* et le *Caméléon* ses emblèmes; *titres* du dieu.

240 à 245 — La déesse Thmei (la Vérité ou la Justice), fille de Phré.

246 à 253 — Le nom symbolique de la même déesse.

254 à 256 — Le Scorpion, emblème de la déesse *Selk.*

257 — Le dieu Sévèk ou *Souchis* (Saturne).

258 à 260 — Le Crocodile, emblème de *Sévèk.*

261 à 263 — La déesse Oph, une forme de *Netphé* (Rhéa).

264. — Osiris et Isis.

265 et 266 — Onnophris, l'un des noms mystiques d'Osiris.

267 à 289 — *Titres du dieu* Osiris : *Soleil trois fois gracieux, Roi de la vie, Roi bienfaisant de la région inférieure, Seigneur de vie et de vérité, etc., etc.*

~~~~~~

COLLECTION ÉGYPTIENNE.

SALLE CIVILE.

(SECONDE SALLE DU MUSÉE CHARLES X.)

D. STATUETTES, FIGURINES ET AMULETTES

Représentant des Rois Égyptiens.

§ Ier. MONUMENS ROYAUX SANS LÉGENDES.

D. 1 — *Bois.* Un Pharaon debout, coiffé du casque royal, tenant jadis un sceptre de la main droite.

2 — *Bronze.* Un Pharaon debout, coiffé du casque royal, et adressant ses prières à une divinité.

3 — *Bois doré.* Un Pharaon, coiffé du casque royal et revêtu de la courte tunique nommée *schenti*.

4 — *Bronze.* Un Pharaon, coiffé du casque royal, revêtu du *schenti* et agenouillé.

5 — *Idem.* Un Pharaon, la tête couverte du *claft*, ou coiffure en forme de capuchon; vêtu du *schenti*, agenouillé et présentant une offrande.

6 — *Idem.* Un Pharaon, la tête couverte de la
~~~~~~

première portion du *pschent*, emblème de la *domination sur les régions supérieures*, agenouillé et faisant l'offrande du vin.

D. 7 — *Bronze*. Un Pharaon, la tête couverte de la seconde portion du *pschent* ou coiffure emblème de la *domination sur les régions inférieures*; agenouillé et faisant l'offrande du vin.

8 — *Cornaline*. Figurine représentant un jeune Pharaon, sous le costume et dans l'attitude consacrée du dieu Horus. (*Voir* D. n° 54.)

9 — *Bronze*. Un Pharaon debout, coiffé du *claft* et revêtu du *schenti*; costume civil.

10 — *Pierre calcaire*. Fragment sur lequel est dessinée une tête de Pharaon, coiffée du casque royal orné de l'*Uræus*, emblème de *la puissance souveraine*.

11 — *Calcaire jaune*. Statue représentant un Pharaon avancé en âge; d'un travail fort remarquable, et faisant jadis partie d'un groupe.

12 — *Granit noir*. Statue d'une reine égyptienne, sans légendes.

§ II. *Monumens royaux portant des noms et des légendes de rois de race égyptienne ou* PHARAONS.

13 — *Terre émaillée*. Cylindre portant la légende royale d'AMENHEMDJOM , premier roi de la dynastie dite XVIIe.

14 — *Cornaline*. Figurine représentant le Pharaon OSORTASEN-*Nilus*, troisième roi de la dynastie thébaine, dite XVIIe. Entre les jambes et autour de la base l'inscription hiéroglyphique:

Le Fils du Soleil Osortasen, enfant du Roi Amenhemdjom, né de la Reine-mère Nofré-A...tès.

D. 15 à 19 — *Bois.* Petits pectoraux, portant la légende de Pharaon AMÉNÔTHPH ou AMÉNOPHIS Ier, chef de la dynastie thébaine dite la XVIIIe; ou ce même Pharaon *combattant divers peuples étrangers, ennemis de l'Égypte.*

20 — *Calcaire blanc.* Fragment de stèle : le roi AMÉNOPHIS Ier, porté sur un palanquin; et la déesse *Thmei* (la Vérité ou la Justice) le couvrant de ses ailes.

21 — *Idem.* Stèle représentant le roi AMÉNOPHIS Ier, assis sur son trône; à ses côtés, la reine son épouse *Ahmosis-Nofré-Athari.*

22 — *Idem.* Stèle. Le roi AMÉNOPHIS Ier, recevant, en même temps que le dieu *Osiris,* les offrandes de fleurs et de fruits présentées par une famille égyptienne.

23 — *Terre émaillée.* Amulette. La reine AHMOSIS assise, dans le costume d'*Hathŏr* (la Vénus égyptienne).

24 — *Calcaire blanc.* Statuette de la princesse AHÔTHPH, fille du roi *Aménophis* Ier.

25 — *Serpentine.* Fragment de statuette de la même princesse.

26 à 27 — *Terre cuite.* Vases funéraires relatifs à un prêtre du Pharaon THOUTMOSIS Ier second roi de la XVIIIe dynastie.

28 — *Terre émaillée.* Amulette. Le roi THOUTMOSIS IIe, troisième roi de la XVIIIe dynastie, assis sur son trône.

D. 29 — *Pierre calcaire*. Stèle représentant le Pharaon Thoutmosis IIIe, cinquième roi de la XVIIIe dynastie, surnommé Mœris, faisant l'offrande du vin au dieu *Amon-Ra, seigneur du ciel*.

3o — *Terre émaillée*. Le roi Thoutmosis IIIe debout ; au revers le prénom de ce Pharaon.

31 — *Calcaire*. Stèle. Le roi Thoutmosis IIIe, suivi d'une *princesse* nommée Mouthètis, qualifiée de *prêtresse des déesses Mouthis* et *Hathôr*, adorant la déesse Mouthis, une des formes de *Neïth*. Inscription hiéroglyphique de quatre lignes, en l'honneur de la princesse *Mouthètis*, qui probablement était sœur ou fille du Pharaon *Thoutmosis* IIIe.

32 — *Terre émaillée*. Amulette portant le prénom de Pharaon Aménophis IIe, sixième roi de la XVIIIe dynastie, avec le titre de *dieu bienfaisant, aimé par Amon-Ra*.

33 — *Idem*. Amulette à double face, portant le prénom royal et le nom propre du Pharaon Thoutmosis IVe, septième roi de la XVIIIe dynastie.

34 — *Idem*. Amulette carré. Le Pharaon Aménôthph ou Aménophis IIIe, connu des Grecs sous le nom de *Memnon*, huitième roi de la XVIIIe dynastie, assis sur son trône. Au revers, le même Pharaon, sous la forme d'un sphynx, foulant aux pieds les ennemis de l'Égypte.

* 35 — *Granit rose*. Partie inférieure d'une statue colossale du roi Aménophis IIIe; au-dessus de la base est sculptée, en caractères hiéroglyphiques, l'inscription suivante : *Le Dieu gracieux,*

le Lion des Rois, le Roi du peuple obéissant, SOLEIL SEIGNEUR DE VÉRITÉ, *le chéri de Phré, le bien-aimé de Socharis seigneur de Schati, le fils du Soleil, le dévoué aux dieux* AMÉNÔTHPH, *le bien-aimé d'Amon-Ra roi des dieux.* Sur le pourtour de la base sont représentés *vingt-trois* rois ou chefs captifs, de race *nègre,* portant devant eux des encadremens dans lesquels sont inscrits les noms des diverses contrées de l'intérieur de l'Afrique, sur lesquelles s'étendait leur domination, avant l'époque de la conquête du Pharaon AMÉNOPHIS IIIe.

36 à 38 — *Serpentine et basalte.* Statuettes funéraires représentant le Pharaon AMÉNOPHIS IIIe, trouvées dans sa catacombe royale à Thèbes.

39 — *Schiste émaillé.* Fragment d'une statuette de la reine TAÏA, femme *d'Aménophis* IIIe.

40 — *Porcelaine émaillée.* Le Pharaon ACHERRÈS-OUSIRÉI, douzième roi de la XVIIIe dynastie.

41 à 44 — *Bois de sycomore.* Images funéraires du même Pharaon, trouvées dans son tombeau, découvert à Thèbes par Belzoni.

45 à 47 — *Porcelaine émaillée de diverses nuances.* Images funéraires du même roi, provenant du même tombeau.

48 — *Granit rose.* Image funéraire du Pharaon RAMSÈS MÉIAMOUN, seizième roi de la XVIIIe dynastie.

49 — *Bois peint.* Le même Pharaon.

50 à 51 — *Bronze.* Le même Pharaon.

52 — *Albâtre.* Image funéraire du Pharaon RAMSÈS V[e], d'un travail très grossier.

D. 53 — *Terre émaillée*. Amulette portant le prénom royal et le nom propre du Pharaon RAMSÈS-LE-GRAND, plus connu sous le nom de SÉSOSTRIS, chef de la famille thébaine, dite XIXᵉ dynastie.

54 — *Calcaire blanc*. Stèle représentant le Pharaon RAMSÈS-*le-Grand* (Sésostris), jeune, et sous le costume du dieu *Horus*. Au revers : Acte d'adoration au dieu *Phtha*, le protecteur spécial du conquérant égyptien.

55 — *Terre émaillée*. Amulette portant le prénom royal et le nom propre du Pharaon RAMSÈS-*Phéron*, ou Sésostris IIᵉ, fils et successeur du grand *Sésostris*.

56 — *Or*. Très petite figurine représentant le Pharaon AMMÉNÉMÈS de la XIXᵉ dynastie.

57 — *Idem*. *Amulette* portant le prénom du roi SABACON, le premier prince de la XXVᵉ dynastie, *éthiopienne*, qui gouverna l'Égypte vers le VIIIᵉ siècle avant Jésus-Christ.

58 — *Serpentine*. Image funéraire de la reine AMÉNÉTEIS.

59 — *Basalte vert*. Statuette représentant le roi PSAMMÉTICHUS Iᵉʳ, de la XXVIᵉ dynastie, *Saïte*.

60 — *Porcelaine émaillée*. Amulette en forme de cartouche royal, renfermant le prénom et le nom propre de la reine NITOCRIS, femme du Pharaon *Psammétichus* IIᵉ, de la XXVIᵉ dynastie.

61 — *Bronze*. Base d'une statuette portant les cartouches à demi effacés de plusieurs rois et reines de la XXVIᵉ dynastie, *Saïte*, tels que PSAMMÉTICHUS IIᵉ, NITOCRIS sa femme, etc.

62 — Un Pharaon et la reine son épouse, représentés sous la forme symbolique de deux sphynx.

E. SCARABÉES

Portant, gravées sur leurs bases, soit des images de rois de RACE ÉGYPTIENNE, *soit leurs légendes royales, classés chronologiquement et selon l'ordre des dynasties.*

———

E. 1 à 2 — *Terre émaillée.* Scarabées portant le prénom du Pharaon MANDOUÉI Ier.

3 — *Idem.* Scarabée portant le prénom du second roi de la XVIIe dynastie.

4 à 7 — *Idem.* Scarabées portant les nom et prénom du Pharaon AMÉNOPHIS Ier, chef de la XVIIIe dynastie.

8 — *Idem.* Scarabée portant le prénom de la reine AMENSÉ, et le nom propre de son mari, le père de *Mœris.*

9 à 101 — Scarabées relatifs au Pharaon THOUT-MOSIS IIIe (le MOERIS des Grecs), cinquième roi de la XVIIIe dynastie.

102 à 105 — Scarabées portant le prénom du Pharaon AMÉNOPHIS IIe, sixième roi de la XVIIIe dynastie.

106 à 111 — Scarabées portant le prénom royal du Pharaon THOUTMOSIS IVe, septième roi de la XVIIIe dynastie.

E. 112 à 127 — Scarabées portant le prénom et le nom propre du Pharaon Aménophis IIIe (le *Memnon* des Grecs), huitième roi de la XVIIIe dynastie.

128 — Scarabée portant le nom propre de la *reine* Taïa, femme d'*Aménophis* IIIe, avec le titre de *royale épouse, heureusement vivante.*

129 — Scarabée portant le prénom royal du Pharaon Acherrès-Ousiréi, douzième roi de la XVIIIe dynastie.

130 — Scarabée portant le prénom du Pharaon Ramsès IIe, quatorzième roi de la XVIIIe dynastie.

131 — Scarabées portant le prénom du Pharaon Ramsès Ve, dix-septième roi de la XVIIIe dynastie.

132 à 141 — Scarabées portant les prénom et nom propre de Ramsès VIe ou *le-Grand*, le *Sésostris*, le *Séthosis*, ou *Sésoosis* des Grecs, chef de la XIXe dynastie, *Diospolitaine.*

142 — Scarabées portant le nom propre de la reine Nofré-Ari, femme de *Ramsès-le-Grand.*

143 — Scarabée portant le prénom du Pharaon Ramsès Xe, dernier roi de la XIXe dynastie *Diospolitaine.*

144 et 145 — Scarabées portant le prénom de Sabacon *l'Éthiopien*, chef de la XXVe dynastie.

146 et 147 — Scarabées portant le nom propre du roi Sevechus, de la XXVe dynastie, *Éthiopienne.*

148 — Scarabée portant le prénom du roi *Éthiopien* Tarhaka, de la XXVe dynastie.

149 — Scarabée portant le nom propre du Pharaon Psammétichus, de la XXVIe dynastie, *Saïte.*

E. 150 et 151 — Scarabées portant le prénom et le nom propre du Pharaon AMASIS ou AMOSIS, de la XXVIe dynastie, *Saïte.*

152 — Scarabée portant le nom du Pharaon NE-PHÉROTÈS, de la XXIXe dynastie.

153 à 162 — *Prénoms royaux,* dont l'époque chronologique n'est point encore déterminée

163 à 176 — Scarabées portant des *titres royaux,* sans prénoms ni noms propres.

177 à 193 — Scarabées portant des *images* de *rois* ou des *sphynx royaux,* sans légendes particulières.

F. CONTRATS ORIGINAUX SUR PAPYRUS, ET EN ÉCRITURE DÉMOTIQUE,

Portant des dates du règne des rois égyptiens-grecs de la dynastie des LAGIDES.

F. 1 — Contrat passé à Thèbes sous le règne d'ALEXANDRE, *fils d'Alexandre-le-Grand* et de *Roxane.*

2 — Contrat passé la XXIIe année du roi PTOLÉMÉE EVERGÈTE Ier.

3 — Contrat passé la VIIe année du roi PTOLÉMÉE PHILOPATOR.

4 — Contrat passé la VIIIe année du roi PTOLÉMÉE ÉPIPHANE.

5 — Contrat passé la XXIe année du même prince.

F. 6 — Contrat passé la.... année du même prince.

7-8 — Contrats passés la XXVIIIe année du roi Ptolémée Evergète IIe.

9 — Contrat passé la XLIe année du même prince.

10 — Contrat passé la XLVe année du même prince.

11 Contrat passé sous le règne du même prince (sans date).

12 — Contrat passé l'an IV du règne de la reine Cléopatre , surnommée *Cocce* , et de son fils Ptolémée-Philométor soter IIe.

13 — Contrat passé le 29 du mois de tôbi, l'an XV de la reine Cléopatre-Cocce , qui était l'an XII du roi Ptolémée , surnommé Alexandre Philométor.

14 — Contrat (acéphale) appartenant aux mêmes règnes.

15 — Contrat passé la VIIIe année du roi Ptolémée et de la reine Cléopatre-Tryphaene , surnommés Philopatores-Philométores.

16 — Contrat (acéphale) daté d'un an VIe au mois de Paophi.

G. FIGURINES , STATUETTES ET STATUES

Représentant des membres des diverses CASTES ÉGYPTIENNES.

———

G. 1 — *Bois.* Statuette représentant un Magistrat, qualifié d'*auditeur de la justice royale* , et nommé

Nofre-Rompé, vêtu de la tunique appelée *cala-siris*.

G. 2 — *Bois.* Groupe représentant un JUGE ROYAL, nommé *Semné-Tho*, assis à côté de sa sœur *Rouï.*

3 à 5 — *Calcaire blanc, albâtre.* Figurines représentant des individus du même ordre que le précédent.

6 à 10 — *Calcaire, schiste et terre émaillée.* CHEFS MILITAIRES vêtus de la *calasiris ;* costume civil.

11 à 15 — *Porcelaine émaillée, albâtre et serpentine.* Figurines et statuettes, représentant des GRAM-MATES ou *secrétaires publics*, employés dans diverses branches d'administration.

16 — *Granit noir.* Statuette d'un HIÉROGRAMMATE de Saïs, nommé *Poëris.*

17 à 19 — *Basalte vert, bronze et pierre calcaire.* HIÉROGRAMMATES ou scribes sacrés, accroupis et tenant un volume de papyrus déroulé sur leurs genoux ; à cette classe de magistrats était réservée l'administration des choses religieuses.

*20 — *Calcaire blanc.* Un HIÉROGRAMMATE ou *scribe sacré*, accroupi, tenant un manuscrit dé-roulé sur ses genoux.

* 21 — *Idem.* Statue peinte représentant un HIÉROGAMMATE debout, vêtu du *schenti.*

* 22 — *Basalte vert.* Fragment de statuette représentant un SECRÉTAIRE ROYAL (Basilicogrammate), nommé *Morephtah.*

23 — *Terre émaillée.* (deux) Figurines représentant un BASILICOGRAMMATE, ou *secrétaire royal*, nommé *Phanahs.*

* **G. 24** — *Granit brèche*. Un BASILICOGRAMMATE, nommé *Siési*, agenouillé et soutenant un *naos*, dans lequel est une image d'*Anubis Lycocéphale*. Ce dieu est invoqué dans les inscriptions de la statue, sous le titre de *Schacal gardien de l'hémisphère supérieur*. La légende royale de *Ramsès-le-Grand* (Sésostris), sculptée sur le haut des bras du Basilicogrammate, donne la date précise de cette curieuse statue.

25 à 27 — *Bois peint*. Statuettes représentant des membres de la CASTE SACERDOTALE, vêtus d'une demi-tunique, portant des enseignes sacrées ou divers autres emblèmes.

28 — *Bronze*. PRÊTRE *attaché au culte des rois*, agenouillé; à son cou est suspendue une image en or de la déesse *Neïth*.

29 — *Basalte noir*. PRÊTRE *de Neïth*, tenant une image d'*Osiris-Onnophris*.

30 — *Granit brèche*. PRÊTRE *de la déesse Thmei* (la Vérité et la Justice), soutenant une forme de petit *naos*, sur la partie antérieure duquel sont sculptés le dieu *Amon-Ra* et la déesse *Thmei*, se donnant la main.

31 — *Bois*. PRÊTRES d'*Ammon*.

32 — *Serpentine*. Statuette représentant un membre de la caste sacerdotale, soutenant une image d'*Osiris*.

33 — *Terre émaillée*. Un PRÊTRE attaché au temple du dieu *Hap-môou* (le Nil).

34 — *Basalte vert*. Un PRÊTRE *saïte* attaché au culte de la déesse *Neïth*, tenant une image d'*O-siris*.

G. 35 — *Basalte noir.* Groupe représentant un *prêtre* de la classe des Prophètes ; sa femme est debout à son côté.

36 * — *Basalte vert.* Statuette représentant un *Prophète* debout, vêtu du *schenti.*

37 — *Granit noir.* Un *saïte*, prêtre *d'Ammon et du roi Amasis,* assis sur un thalamus entre sa femme et son fils.

38 — *Grès.* Un prêtre attaché au temple d'Ammon, soutenant une stèle sur laquelle est gravée une invocation au *Soleil* et à *Ammon.*

39 — *Basalte noir.* Un individu qualifié de gardien *des temples,* soutenant un petit naos *d'Osiris.*

40 — *Granit noir.* Un prêtre, nommé *Mandouothph,* debout ; provenant d'un groupe.

41 — *Idem.* Un membre de la caste sacerdotale vêtu de la *calasiris,* tenant une tête symbolique de la déesse *Hathôr.*

42 — *Granit rose.* Un prêtre agenouillé soutenant un petit *naos* d'Osiris.

43 * — *Basalte noir.* Une statue représentant *un* grammate (scribe) de la reine *Aménétis,* nommé *Heb-ro ;* légendes hiéroglyphiques.

44 — *Calcaire blanc.* Un personnage attaché *au culte d'Ammon,* tenant devant lui *l'uræus* de la déesse *Sovan* (Lucine).

45 à 49 — *Bois, calcaire blanc, granit, basalte, et bronze.* Prêtres d'*Osiris* accroupis et enveloppés dans leur vêtement.

50 * — *Granit brèche.* Statue-*cariatide.* Le prêtre

d'Osiris, nommé *Onnophris, fils* d'*Osormai*, vêtu d'une peau de panthère, symbole de sa charge, et tenant une enseigne décorée des emblèmes d'*Osiris seigneur de l'Orient*. Sur les deux côtés de la tête du prêtre, sont sculptés le prénom et le nom de RAMSÈS-LE-GRAND (Sésostris), sous le règne duquel la statue a été exécutée.

G. 51 * — *Calcaire*. Groupe représentant un PRÊTRE *de Phtha* et *sa sœur*, debout.

52 — *Bronze*. Un PRÊTRE debout et la tête rasée, portant une image de la déesse *Thmei*.

53 — *Granit*. Un PRÊTRE attaché à l'un des grands temples de l'Egypte, assis sur un siége.

54 — *Calcaire blanc*. Deux membres du corps sacerdotal (le père et le fils) soutenant une stèle sur laquelle est gravée une invocation au dieu *Soleil*.

55 — *Granit noir*. (Fragment de statuette.) Un PRÊTRE de *Bubastis*, nommé *Pschentaisis*, soutenant un petit *naos* du dieu *Hobs Léontocéphale*.

INDIVIDUS NON TITRÉS.

56 à 66 — *Bois, terre cuite, terre émaillée, albâtre*. Figurines représentant des personnages non titrés.

67 * — *Calcaire blanc*. Deux personnages (probablement le père et le fils) assis sur un *thalamus*.

68 — *Serpentine*. Un personnage debout entre deux femmes. Légendes effacées.

G. 69 — *Bois.* Personnage assis, portant une chevelure frisée, et tenant une fleur de *lotus.*

70 * — *Calcaire blanc.* Personnage assis sur un trône; à ses côtés une femme debout (son épouse ou sa sœur).

71 — *Serpentine.* Groupe représentant un personnage nommé *Aménémoph,* assis à côté de sa femme *Thamérôt.*

72 à 79 — *Granit noir, pierre calcaire et bois.* Figurines ou fragmens de figurines représentant des individus non titrés, assis sur des siéges ou sur des trônes. Trois d'entre elles portent une inscription dédicatoire faite par l'épouse ou par la mère des personnages que représentent ces statuettes.

80 — *Calcaire blanc.* Portion d'un groupe représentant deux époux assis sur un *thalamus.*

81 — *Serpentine.* Groupe représentant un personnage nommé *Amensé* et son jeune fils *Osortasen.*

82 — *Calcaire blanc.* Un personnage agenouillé et en adoration.

83 — *Calcaire peint.* Groupe représentant un Egyptien nommé *Nofré,* sa femme *Thmaumei,* et deux de leurs enfans.

84 — *Bois.* Un personnage nommé *Phéi,* vêtu d'une longue tunique.

FEMMES.

85 — *Bois dur.* Une femme nommée Naï, debout, vêtue d'une longue tunique à franges, chevelure

nattée. La statuette a été dédiée par son frère *Phtahmâï, auditeur de justice.*

G. 86 — *Bois dur.* Femme nue tenant un jeune chat dans sa main gauche, et relevant sa chevelure de la droite.

87 et 88 — *Bois de sycomore peint.* Figurines représentant deux femmes revêtues de tuniques blanches.

89 — *Bronze.* Une femme debout, coiffée à la nubienne.

90 — *Basalte noir.* Une femme assise sur un trône.

91 — *Bronze.* Statue représentant une femme debout, jadis recouverte d'un enduit de gypse doré, sur lequel se voient encore des ornemens gravés au trait.

H. USTENSILES ET INSTRUMENS DU CULTE PUBLIC OU PRIVÉ

H. 1 — *Bronze.* AMSCHIR ou *encensoir,* formé d'une main étendue sortant d'une fleur de lotus et soutenant une coupe dans laquelle on brûlait les parfums. La poignée est terminée par une *tête d'épervier.*

2 à 5 — *Bois.* Manches provenant d'*Amschirs* ou d'instrumens analogues.

6 et 7 — *Idem.* COFFRETS en bois variés de couleurs ou incrustés en ivoire, renfermant des parfums et aromates.

H. 8 — *Ivoire.* CUILLER *à parfums* formée des quatre emblèmes sacrés, le *sceau*, le *symbole de la vie*, les *sceptres divins*.

9 et 10 — *Bois.* CUILLERS *à parfums* formées, l'une d'un bouquet de feuilles, boutons et fleurs de lotus, surmonté de l'encadrement ordinaire des noms royaux; l'autre d'une corbeille de fleurs de *lotus* des deux espèces.

11 à 12 — *Idem.* CUILLERS-BOÎTES *à parfums* formées, l'une d'un esclave portant un vase sur ses épaules; l'autre d'une femme cueillant des tiges de lotus.

13 à 14 — *Ivoire. Petites* CUILLERS *à parfums* représentant l'une un *chien* couché; l'autre une *oie* troussée.

15 — *Serpentine.* CUILLER *à parfums* représentant un *veau* debout sur un poisson *latus*.

16 — *Terre émaillée.* CUILLER *à parfums* formée d'une *gazelle oryx*, les quatre pates liées, se léchant le dos.

17 — *Pâte d'émail.* Une FEUILLE *de lotus*, destinée au même usage.

18 — *Bois.* Grand SCEAU destiné à marquer les bœufs-mondes propres à être offerts en sacrifice. L'inscription signifie *le scribe des victimes*, titre du prêtre égyptien, nommé *Sphraghiste* par les auteurs Grecs.

19 à 20 — *Terre émaillée.* SCEAUX destinés à marquer les victimes de petite taille, telles que des veaux ou des oies. Même inscription.

21 à 37 — *Jaspe, pierre calcaire et émail.* Amu-

lettes représentant des VEAUX *liés pour le sa-crifice.*

H. 38 — *Bronze.* COUTEAU qui a pu être employé à des usages sacrés.

39 — *Basalte vert.* TABLE A LIBATIONS consacrée aux dieux *Phtha* et *Osiris* par un nommé *Horus*, *fils d'Atmouétis.*

40 — *Calcaire blanc.* TABLE A LIBATIONS, dédiée aux dieux *Atmou* et *Osiris*, par un personnage *attaché au temple du Soleil*, et nommé *Ouoèris.*

41 — *Idem.* TABLE A LIBATIONS consacrée à *Osiris*, *Anubis*, *Sèv* et *Netphé* (*Rhéa*), par un nommé *Osortasen.*

42 — *Idem.* TABLE A LIBATIONS consacrée à *Osiris* par une famille entière, en mémoire de son chef défunt.

43 — *Idem.* Petite TABLE A LIBATIONS sans légendes hiéroglyphiques.

44 — *Basalte noir.* TABLE A LIBATIONS portant, en langue grecque, une consécration datée du mois d'épiphi, l'an XXXV d'un règne, à PTENSENÈS (Hermès), *Dieu très grand* par *Ptolémée, secré-taire des forces militaires cantonnées dans les environs d'Eléphantine.* Ce monument a été offert au Musée Royal par M. Girard, membre de l'Académie des Sciences, ingénieur en chef des Pont-et-Chaussées, et membre de l'Institut d'E-gypte.

45 à 50 — *Serpentine et bronze.* Très petites *tables à libation* qui paraissent avoir été portées comme amulettes.

H. 51 — *Terre cuite peinte.* VASE A LIBATIONS avec ornemens tracés en noir et en rouge.

52 — *Bronze.* VAN SACRÉ ou grand *seau ansé* destiné à porter l'eau du Nil dans les cérémonies religieuses. Sur sa panse est gravé un tableau représentant le prêtre scribe d'Ammon et d'Osiris nommé *Chapochonsis, fils de Psammétichus,* recevant les honneurs funèbres rendus par son fils *Petésis,* prêtre d'Ammon, lequel offre l'encens, fait une libation, et prononce une prière gravée dans les lignes verticales d'hiéroglyphes.

53 à 57 — VANS SACRÉS, ornés de bas-reliefs, représentant le personnage auquel chacun de ces ustensiles a appartenu, adorant différentes divinités telles que *Neïth - Mouthis, Horammon, Phtha, Khons, Mérephtha, Mandou, Isis, Nephtys,* etc.

58 à 62 — Petits *vases sacrés,* la plupart sans figures ni légendes.

63 — *Calcaire blanc.* AUTEL dédié aux dieux *Phré* et *Osiris,* représentés sur deux des faces ainsi que les consécrateurs *Maï, prêtre* de *Phtha,* et *Onia,* Basilicogrammate, représentés dans l'attitude d'offrir l'encens aux deux divinités.

64 — *Basalte vert.* Autel dont la partie supérieure est creusée circulairement, soit pour servir de foyer, soit pour recevoir les libations.

I. OBJETS D'HABILLEMENT.

---

1 — *Toile de coton.* Une TUNIQUE de toile très fine, avec des ourlets et des reprises faites selon l'usage moderne.

I. 2 — *Toile de coton*. Portion d'une TUNIQUE semblable à la précédente.

3 — *Idem*. Un lé de toile de coton orné de franges sur deux côtés, et d'une bordure ou liteau bleu.

4 — *Toile de lin*. Grande pièce de toile, ayant pu servir de MANTEAU, terminée, aux deux extrémités, par des franges et cordelettes.

5 — *Idem*. Pièce de toile frangée à effilés, ayant servi aux mêmes usages que la précédente.

6 à 15. — *Cuir maroquiné*. Bandelettes et ornemens, avec des sujets frappés sur gomme jaunâtre et représentant les Pharaons *Amménèmès*, *Ramsès* de la XIXe dynastie, et *Osorchon* de la XXIIe, qualifiés de *grands-prêtres d'Amon-Ra*, adorant cette grande divinité sous la forme d'Ammon générateur. Ces bandelettes paraissent avoir été les insignes de certains fonctionnaires du corps sacerdotal.

16 à 35 — *Feuille de palmier* ou *jonc*. CHAUSSURES nommées TABTEBS en langue égyptienne, espèce d'*espadrilles* en feuilles de palmier tressées, arrondies par le bout, imitant la forme de la plante des pieds, avec les restes des cordons destinés à les fixer.

36 à 41 — *Idem*. TABTEBS légèrement terminés en pointe. Deux paires tressées avec des feuilles de palmier teintes en rouge.

42 à 56 — TABTEBS terminés par de longues pointes qui, se recourbant vers le coude-pied, servaient de défense naturelle aux orteils.

I. 57 à 61 — *Feuille de palmier* ou *jonc*. TABTEBS, avec ou sans pointe, ayant un quartier et les parties latérales de l'empeigne.

62 à 64 — *Cuir* ou *cuir maroquiné rouge*. SANDALES d'enfant.

65 à 66 — *Gomme odorante et cuir maroquiné vert*. SANDALES d'enfant.

67 — *Cuir maroquiné rouge*. SOULIER d'enfant avec quartier et empeigne.

68 — *Cuir peint*. SOULIER de femme avec ornemens peints en jaune.

69 à 70 — *Cuir maroquiné pourpre*. Paire de PANTOUFLES doublées en maroquin rose, rosettes dorées sur le coude-pied et entre-semelles en feuilles de papyrus.

71 — *Cuir*. SANDALE d'homme.

72 à 74 — *Gomme odorante et cuir*. SANDALES de diverses grandeurs.

J. USTENSILES DE TOILETTE.

1 à 3 — *Bronze et bois*. MIROIRS en métal poli, avec manche en bois imitant une fleur de lotus.

4 à 5 — *Bronze*. MIROIRS de métal, dont le manche représente, soit une femme la tête surmontée d'une fleur de lotus, soit la déesse *Hathôr* (Vénus) tenant une colombe dans sa main gauche.

6 à 10 — *Bois*. PEIGNES simples. L'un d'eux est orné d'une gazelle agenouillée.

11 à 12 — Grands et petits PEIGNES doubles.

I. 13 — Diverses portions de CHEVELURES de momies, parmi lesquelles on remarque plusieurs *tresses* parfaitement conservées.

14 à 18 — *Ivoire* ou *os.* ÉPINGLES A CHEVEUX. L'une est terminée en forme de *grenade*; l'autre par une *uræus* dressée.

19 à 21 — *Bois.* ÉPINGLES *à cheveux* plus communes.

22 — *Bronze.* ÉPINGLE ordinaire conservant des restes de dorure.

23 — Petit PANIER renfermant de petites olives en terre glaise enfilées et groupées de manière à imiter une masse de cheveux.

24 à 30 — *Albâtre oriental.* VASES A COLLYRE, de grandeurs diverses, destinés à renfermer de *l'antimoine* en poudre, ou toute autre préparation analogue au *surmé* des Orientaux.

31 à 35 — *Serpentine.* VASES A COLLYRE, avec ou sans couvercles.

36 à 40 — *Terre émaillée, bois dur, serpentine et albâtre.* ÉTUIS A COLLYRE de diverses formes.

41 à 42 — ÉTUIS A COLLYRE composés de plusieurs canons de roseaux réunis par une bandelette de toile.

43 à 46 — *Bois, hématite et bronze.* STYLES pour l'application du collyre sur le prolongement de l'angle externe des yeux.

47 à 48 — *Basalte et albâtre.* MOLETTES ET PIERRES A BROYER le *surmé* ou autres cosmétiques.

49 à 53 — *Bronze.* Instrumens pour la préparation des collyres et autres cosmétiques.

I. 54 à 63 — *Terre émaillée, émail et albâtre oriental de diverses nuances.* VASES UNGUEN- TAIRES destinés à contenir des huiles, onguens ou parfums liquides. Le n° 63, qui est en albâtre gypseux, est de travail grec et d'imitation : il provient de fouilles faites à Athènes.

64 à 67 — *Albâtre oriental.* VASES UNGUENTAIRES sans goulot.

68 à 71 — *Idem et brèche.* Petites AMPHORES ET VASES ANSÉS de diverses formes.

72 à 85 — *Terre émaillée, émail et albâtre oriental.* VASES BALSAMAIRES avec ou sans oreilles (*masdj*), et de formes variées.

86 à 90 — *Terre émaillée, émail, albâtre et bronze.* VASES AMPULLOÏDES, ou *ampoules* des- tinées à contenir des parfums liquides, ou des huiles parfumées. Le n° 86 offre sur la panse une inscription hiéroglyphique signifiant : *Le prêtre d'Ammon Autaoui* (fait don de ce vase) *à son fils Amensè.*

91 à 96 — *Terre émaillée et albâtre.* Vases en forme de GOURDES, avec ou sans anses. Les n°s 93 et 95, dont le goulot est formé par une fleur de lotus, et les anses par deux singes ac- croupis, portent sur leur panse les inscriptions hiéroglyphiques suivantes : *Que le dieu Phtha accorde d'heureuses années au possesseur de ce vase!* (N° 95) *Que le dieu Ammon et la déesse Mouthis accordent d'heureuses années*, etc. ; *que le dieu Phtha et la déesse Koht accordent d'heu- reuses années*, etc. (N° 96).

97 à 104 — *Albâtre oriental et terre émaillée.* VASES de formes diverses, ayant servi à contenir

différens genres de cosmétiques. Les deux derniers portent la légende royale du Pharaon *Acherrés-Ousirei.*

1. 105 à 110 — *Verres et émaux de couleur.* Petits Flacons et Vases destinés au même usage que les précédens, mais remarquables par la variété des verres de couleur entremêlés dont ils sont formés.

111 à 122 — *Terre émaillée, albâtre et lapis.* Petites Coupes et Tasses de formes variées, et petits ustensiles à transvaser ou à préparer des parfums liquides.

K. BIJOUX ET OBJETS DE PARURE.

a. Ornemens d'oreille.

K. 1 — Coquilles fixées à un cordon, et ayant servi d'ornement d'oreille.

2 à 8 — *Or.* Trois paires de Boucles d'oreille terminées par des têtes de *bœuf,* de *lion* ou de *gazelle.*

9 et 10 — *Argent et bronze.* Boucles d'oreille, dont une est terminée par une tête de bœuf.

11 à 16 — Boucles et Pendans d'oreille en *or, verre doré, or et saphir d'eau, bronze doré et verres de couleur.*

17 à 28 — Pendans d'oreille en *bois, terre émaillée, émaux ou verres de couleur.*

29 à 39 — Ornemens d'oreille formés de grains

de verroterie ou de cornaline, d'anneaux d'ivoire et de petites grenades en terre émaillée verte.

K. 40 à 49 — Ornemens d'oreille formés d'un cordon passé dans divers amulettes en terre émaillée, et représentant le poisson latus, une grenouille, une espèce de chenille, des scarabées ou des têtes symboliques de la déesse *Hathór*.

50 à 55 — Ornemens d'oreille formés de fleurs variées en terre émaillée.

56 à 117 — Ornemens d'oreille en *terre émaillée, cornaline et lapis*, représentant des grenouilles, des poissons latus, des scarabées, une saute-relle, une mouche, des cygnes, des cynocé-phales, un lion, des hippopotames, des gazelles, un lièvre, des chats, un hérisson, des têtes hu-maines, ou des têtes symboliques de la déesse *Hathôr*.

b. Colliers.

118 — Collier formé de *coquillages* naturels.

119 — *Bois*. Olives striées et peintes en rouge, provenant d'un collier.

120-121 — Colliers : l'un formé d'annelets d'*ivoire*; l'autre est entremêlé de grains de *cornaline*.

122 à 127 — Colliers ou portions de colliers formés de lentilles, petits disques, grains ou olives et demi-olives en *terre émaillée*.

128 à 132 — Colliers, ou portions de colliers formés de petits disques en *terre émaillée* ou en *émail* de diverses couleurs, alternés ou entre-mêlés.

K. 133 — Collier formé de scarabées portant gravés sous leur base des ornemens variés ou des symboles.

134 à 137 — Colliers formés de petits chats (134), d'un petit naos, renfermant l'image de la déesse Bubastis (135), de petits yeux symboliques en *terre émaillée* (136), ou de plaques carrées, portant le nom hiéroglyphique d'Osiris (137).

138 - 139 — *Terre émaillée*. Lentilles, disques, annelets, cylindres et amulettes provenant de colliers.

140 — Collier formé de globules en *terre émaillée*, montés en or.

141-142 — Colliers en grains d'*émail* vert pomme ou bleu céleste.

143 à 147 — Colliers et portions de colliers formés de grains et d'olives en pâte d'*émail*, en *émaux* et en *verre de couleur*.

148-149 — Grains, olives, perles et autres pièces en *émail mosaïque*, provenant de Colliers, et très remarquables sous le rapport du travail et de la variété des couleurs.

150 — Collier formé de pièces de *corail pâle*.

151 — Collier en grains et cylindres de *spath vert*.

152 — Collier en *prime d'améthyste*.

153 à 162 — Colliers formés de pièces de *cornaline*, d'une forme variée, et entremêlées d'amulettes de diverses matières.

163-164 — Grains, olives et perles en *jaspe, agate, chalcédoine, lapis, grenat, sardonyx, granit*, etc., provenant de Colliers.

K. 165 — COLLIER formé de perles exagones en *argent massif.*

166 — COLLIER formé d'une baguette de *bronze plaquée en argent,* et dans laquelle sont passées des sonnettes en *argent,* ou des amulettes en *bois* et en *cornaline.*

167 — COLLIER composé de petites pièces en *argent* représentant des yeux symboliques entre-mêlés de perles d'*argent doré* et de petits amulettes en *terre émaillée.*

168 — COLLIER formé de plusieurs centaines d'annelets en *argent* de 2 lignes et demie de diamètre sur un tiers de ligne d'épaisseur, passés dans une tresse de cheveux.

169 — COLLIER *en argent,* composé d'amulettes, représentant la partie supérieure du coquillage nommé *porcelaine* (Voir K, n° 1).

170 — Imitation en *or* du coquillage nommé *porcelaine* (Voir K, n° 1).

171 — Pièces en *or* imitant la partie supérieure du même coquillage, et yeux symboliques en *cornaline,* provenant de COLLIERS.

172 à 174 — COLLIERS *et portions de colliers* formés de petites pièces d'*or* en forme d'olives, d'annelets, de perles ; perles à jour, sauterelles, grenades, etc., etc., entremêlées de petits amulettes en *cornaline* ou de scarabées *montés en or.*

175 — COLLIER complet à trois rangs : le premier formé d'olives en *or,* le second de vases à libations, de fleurs de lotus, de lézards et de poissons latus, alternés et également en *or ;* le troisième rang est composé de grains d'agate, avec

une plaque représentant la tête du bélier symbolique.

K. 176 — Vingt-huit pièces en *or* provenant d'un *collier* semblable au précédent.

177 — COLLIER en *or* formé d'une double chaîne travaillée en *gourmette*, garni d'un fermoir à trois chaînettes, portant une fleur de *lotus* et deux poissons *binni*.

178 — COLLIER en *or* de même travail, mais plus finement exécuté; dans la chaîne est passée une bélière à laquelle on a suspendu une plaque représentant des deux côtés un épervier vu de face et travaillé *à grains*.

179 — *Or*. FERMOIR D'UN COLLIER à six rangs.

180 — *Or*. FERMOIR D'UN COLLIER orné de deux chaînons terminés par deux poissons latus.

180 *bis* — *Email*. FRANGES de *fermoirs* de colliers.

180 *ter* — *Or*. FLEUR DE LOTUS, jadis incrustée d'émaux, provenant d'un collier.

180 *quater* — OEIL en lapis monté en or, provenant d'un collier.

181 à 183 — *Or*. COLLIERS formés de chaînes tressées en gourmette, avec fermoir et plaque représentant un croissant renversé. Ces colliers appartiennent à l'Egypte græco-romaine.

c. *Anneaux et Bagues*.

184 — BAGUE avec chaton carré en *bois* doré.
185 à 190 — *Email et terre émaillée*. ANNEAUX de couleurs variées.

K. 191 à 197. — *Émail et terre émaillée.* ANNEAUX portant au chaton des images de divinités en relief, telles que *Atmou, Phtha, Horus, Hathór,* etc.

198 à 209 — *Idem.* BAGUES portant au chaton des images en relief de divers animaux sacrés, et des fleurs de lotus.

210 à 223 — *Idem.* BAGUES portant au chaton des yeux symboliques.

224 à 238 — *Idem.* BAGUES à chaton, portant des figures d'*uræus*, de *nilomètre,* de *divinités* ou des *légendes hiéroglyphiques.*

239 à 242 — *Idem.* BAGUES avec chaton, ornées de sujets variés travaillés à jour.

243 à 248 — *Idem.* DOUBLES BAGUES ornées de divers symboles.

249 à 251 — *Idem.* DOUBLES BAGUES portant au chaton des bustes en relief de *Neïth,* d'*Isis* et du dieu *Khons.*

252 à 259 — *Idem.* BAGUES à chaton carré avec inscriptions exprimant un souhait d'heureuses années.

260 à 265 — *Bronze.* BAGUES portant des inscriptions hiéroglyphiques ou des images de divinités gravées en creux sur le chaton.

266 — BAGUE en *fer.*

267 à 270 — *Argent massif.* BAGUES *à chatons ovales* portant des inscriptions pieuses ou le nom du roi *Thoutmosis* III.

271 à 272 — *Argent.* BAGUES portant des têtes symboliques d'*Hathór* gravées sur un chaton carré.

K. 273 à 276 — *Argent*. BAGUES *à chatons* carrés ou arrondis, sans gravure.

277 — *Electrum*. CHATON *de bague* avec inscription hiéroglyphique.

278 — *Or*. ANNEAU travaillé à jour et orné d'amulettes en matière dure, enchâssés dans le métal.

279 à 283 — *Or massif*. BAGUES à chatons portant les noms, les titres et les symboles de plusieurs divinités.

284 — *Idem*. BAGUE à chaton carré sur lequel est figuré un *Pharaon* debout, le dieu *Horus* et la tête symbolique d'*Hathôr*.

285 à 287 — *Idem*. Trois DOUBLES BAGUES *à doubles chatons* offrant l'image d'une jeune fille nommée *Isénofré* adorant successivement *Osiris*, *Isis* et *Nephtys*. Ces bagues sont des bijoux funéraires provenant de la momie de cette jeune enfant.

288 et 289 — *Or*. DOUBLES BAGUES portant sur leurs chatons les images d'*Isis*, de *Phré* et d'*Horus* gravées en creux.

290 à 292 — *Idem*. BAGUES *à chaton* décorées d'ornemens incrustés en émaux de couleur. Le n° 291 porte sur son chaton deux petits chevaux de plein relief et d'un travail très fin.

293 — *Idem*. BAGUE *à triple anneau* avec un chaton orné d'une demi-olive en *cornaline* (Voir le n° 243).

294 à 298 — *Idem*. ANNEAUX portant au chaton des yeux symboliques en *cornaline*, un scarabée, ou

une grenouille, soit en *pâte d'émail*, soit en *terre émaillée*.

K. 299 — *Or*. BAGUE avec un amulette de terre émaillée, représentant la tête d'*Hathôr* enchâssée dans un chaton carré.

300 — *Idem*. SERPENT roulé en spirale ayant servi de *bague*.

301 — *Idem*. BAGUE à triple anneau portant en chaton les bustes en relief d'*Osiris*, d'*Isis* et de *Nephtys*.

302 à 304 — *Idem*. BAGUES d'un travail grec ou romain comme la précédente (n° 301), avec pierres dures gravées en intaille au chaton.

305 à 306 — *Idem*. BAGUES *à chatons* ronds ou carrés sans gravure.

307 — *Serpentine*. BAGUE portant l'œil mystique gravé sur le chaton.

308 — *Lapis*. BAGUE *à chaton carré* sans gravure.

309 à 312 — *Cornaline*. BAGUE offrant sur le chaton l'œil mystique (309), le prénom du roi *Aménophis-Memnon* (310), une *grenouille* en relief (311) ou une olive (312).

d. Bracelets.

313 à 319 — BRACELETS tressés en *feuilles de palmier*.

320 à 325 — BRACELETS en *corne* ou en *écaille*.

326 à 331 — BRACELETS en *ivoire* de diverses grandeurs.

332 à 336 — BRACELETS en *bronze*.

337 à 338 — BRACELETS en *paillon doré*.

K. 339 à 341 — Bracelet en *fer*.

342 — Fragmens de Bracelets en *argent*.

343 — Débris d'une seconde paire de Bracelets en *argent*.

344 — *Feuilles d'or*. Bracelets ornés des deux yeux symboliques.

345 — *Or*. Bracelet d'*enfant* décoré d'ornemens gravés en relief.

346 à 347 — Paire de Bracelets en *or* combiné avec de petits anneaux de beau *lapis*.

348 — Bracelet en *or* décoré de *bouquets de lotus* des deux espèces, et d'un *lion* assis, travaillés à jour, et dont tous les détails intérieurs étaient incrustés de *lapis* et de *pierres* ou d'*émaux* de diverses couleurs.

349 — Bracelet en *or* d'un travail analogue à celui du précédent, orné d'un *griffon* et de bouquets de lotus.

350 à 351 — *Or massif*. Paire de Bracelets formés chacun de deux serpens entortillés et affrontés.

e. Amulettes provenant de Colliers ou de Bagues.

352 à 360 — *Terre émaillée*. Amulettes de forme ovale, avec ou sans gravure.

361 à 372 — *Idem*. Amulettes de même forme, gravés sur deux faces, et offrant des images ou noms *de divinités* et d'*animaux sacrés*.

373 à 385 — *Idem, émail et hématite*. Amulettes de même forme, portant des noms ou des images symboliques de *Pharaons*.

K. 386 — *Terre émaillée.* AMULETTE de même forme, portant une légende privée, et très remarquable pour l'extrême finesse du travail.

387 à 405 — *Terre émaillée, émail, pâte, jaspes, jaspe onyx, cornaline et agates.* AMULETTES de forme OVALE-CABOCHON, avec animaux sacrés et légendes, gravés sur la partie plate.

406 à 424 — *Matières diverses.* AMULETTES en forme de CABOCHON ELLIPTIQUE, à l'imitation de la partie supérieure d'une coquille *porcelaine*, sans stries, avec sujets gravés représentant des *emblèmes sacrés* ou des *noms royaux.*

425 à 441 — *Terre émaillée.* AMULETTES de même forme que les précédens (avec l'indication des stries du coquillage) portant des emblèmes et des légendes hiéroglyphiques.

442 à 444 — *Idem et pâte d'émail.* AMULETTES en forme d'*écaille de tortue.*

445 à 464 — *Terre émaillée, pâte, talc, spath vert et cornaline.* AMULETTES en forme de *parallélogramme*, portant des emblèmes sacrés ou des images de divinités et de rois.

465 à 516 — SCARABÉES en *terre émaillée, pâtes et verre de couleur, serpentine, talc, calcaire, hématite, basalte, spath vert, lapis, cornaline, onyx, jaspes, prime d'améthyste, chalcédoine et sardonyx*, provenant de bagues ou de colliers.

517 à 638 — *Terre émaillée, pâtes vitreuses, cornaline, jaspes, lapis, basalte, hématite,* etc. SCARABÉES, emblème du dieu *Phtha* et de la *virilité :* ces amulettes paraissent avoir été portés comme insignes distinctifs par les membres de la

caste militaire. La plupart offrent une bélière sous le ventre, entre la première et la seconde paire de pates.

K. 639 à 700 — *Bois, terre émaillée, pâtes de verre, cornaline, jaspes et or.* AMULETTES représentant *l'œil droit symbolique*, provenant de colliers, bagues ou bracelets.

701 à 703 — *Terre émaillée.* AMULETTES représentant *l'œil gauche symbolique.*

704 à 742 — *Matières diverses.* AMULETTES représentant les deux *yeux symboliques opposés.*

743 à 828 — *Idem.* AMULETTES provenant de colliers ou de bracelets, et représentant l'OEIL DROIT SYMBOLIQUE, *avec bélière.*

829 à 830 — *Serpentine et terre émaillée.* L'OEIL GAUCHE SYMBOLIQUE, avec bélière.

831 à 960 — *Terre émaillée, cornaline, lapis, agates, spath vert, jaspes, hématite, granits, basalte,* etc. AMULETTES représentant *l'œil symbolique droit* et *l'œil symbolique gauche opposés;* bélière.

961 à 973 — *Email et terre émaillée.* AMULETTES aplatis en forme de parallélogramme, et représentant des YEUX SYMBOLIQUES en relief ou travaillés à jour.

974 à 976. — *Plaques d'or* représentant l'OEIL *symbolique droit.*

977 — AMULETTE travaillé en filets d'émail, comme une espèce de mosaïque d'une finesse extrême, et représentant les *deux yeux symboliques opposés.*

978 à 1004 — *Terre et schiste émaillé.* AMULETTES

de formes variées représentant les *deux yeux symboliques.*

K. 1005 à 1035 — *Terre émaillée, émail, lapis, cornaline,* etc. Petits autels à quatre corniches, connus sous le nom de NILOMÈTRES, provenant de colliers, et portés comme emblèmes des dieux PHTHA et OSIRIS.

1036 à 1080 — *Bois, terre émaillée, pâtes de verre, jaspe, cornaline, lapis et or.* EMBLÈMES du dieu *Nofré-Atmou,* provenant de colliers et autres parures.

1081 à 1110 — *Terre émaillée, hématite, spath vert et lapis.* COLONNES SYMBOLIQUES à chapiteau en *campane* ou fleur de lotus, provenant de colliers.

1111 à 1141 — *Matières diverses.* AMULETTES représentant les emblèmes de la *Bienfaisance,* de la *Stabilité,* et des *sceaux* de formes variées.

1142 à 1162 — *Terre émaillée et cornaline.* AMULETTES représentant une TÊTE DE COULEUVRE.

1163 à 1237 — *Matières diverses.* AMULETTES représentant le VASE HÉRI, emblème du *Repos,* provenant de colliers, et destinés principalement à la parure des enfans des deux sexes.

1238 à 1300 — *Idem.* AMULETTES provenant de colliers et autres parures, représentant des *fleurs,* des *vases,* des *osselets,* l'*escalier mystique,* des *paniers,* des *hémicycles,* un *sistre,* un *compas,* divers *emblèmes sacrés,* divers *membres du corps humain,* des *divinités,* des *quadrupèdes,* des *oiseaux,* des *reptiles,* des *insectes* et des *poissons.*

f. Plaques de colliers.

K. 1301 à 1306 — *Terre émaillée.* Amulettes de forme *ovale*, partie supérieure bombée, décorés de légendes hiéroglyphiques ou d'emblèmes sacrés.

1307 à 1315 — *Idem.* Amulettes en forme de petites *stèles à bélière*, portant, en relief, des images de divinités.

1316 à 1330 — *Idem et pierre émaillée.* Amulettes *carrés*, décorés d'inscriptions, de noms royaux et d'images de divinités sur leurs deux faces.

1331 à 1339 — *Terre émaillée et or.* Amulettes de *forme arrondie*, décorés d'emblèmes sacrés en relief.

1340 à 1409 — *Matières diverses.* Amulettes représentant la *navette*, emblème de *Neïth* ; la coiffure du dieu *Chons* ; des *momies royales*, emblèmes d'*Osiris* ; le symbole de la *Vie* ; les coiffures caractéristiques d'*Amon-Ra* et de *Phtha-Socharis* ; les deux parties de la coiffure *pschent* ; des cartouches royaux, avec les noms de *Thoutmosis* IIIe et de *Sésostris* ; des colonnes symboliques, etc., etc.

1410 — *Schiste émaillé.* Cylindre *égyptien* à trois registres, offrant le prénom du roi *Thoutmosis* IIIe, accompagné de captifs les mains liées derrière le dos, de sphynx coiffés du pschent, et d'images d'Hercule-Démiurge tenant sur ses mains l'emblème de la Vie.

8

K. 1411 à 1419 — CYLINDRES de diverses matières.

1420 à 1474 — AMULETTES ayant servi de *plaques de colliers*, représentant des obélisques, emblème d'*Ammon* ; des colonnes symboliques, des autels *nilomètres*, des emblèmes de *Nofré-Atmou* et des vases *Héri*. (*Voir* K. 1163.)

1475 à 1491 — *Bois et terre émaillée*. AMULETTES représentant les *deux yeux symboliques*.

1492 à 1498 — *Terre émaillée, lapis et cornaline*. TÊTES DE BÉLIER, emblème de *Chnouphis*, et têtes de *Taureau*, ayant servi de plaques de collier. (*Voir* le Collier K. 175.)

1499 à 1523. — *Émaux de couleur, or, argent et jaspe*. BÉLIÈRES de plaques de colliers. (*Voir* le Collier K. 178.)

1454 à 1480 — *Bois, terre émaillée et émail*. CONTREPOIDS *de colliers*, soit peints, soit ornés de figures et de légendes hiéroglyphiques.

1481 à 1485 — *Terre émaillée et or. Têtes de* PANTHÈRE ayant servi *d'attaches de ceinture*.

g. *Pectoraux*.

1486 à 1488. — *Bois*. PECTORAUX en forme de petits *naos*, renfermant le scarabée sacré ou les images de *Thôth*, d'*Horus*, et de la *Bari* symbolique.

1489 à 1494 — *Terre émaillée*. PECTORAUX portant les images d'*Anubis*, sous la forme de *schacal*, ou les emblèmes de la *Vie* et de la *Stabilité*.

1495 à 1497 — *Calcaire peint et serpentine*. PECTORAUX représentant les déesses *Isis* et *Néphtys* adorant le *scarabée* sacré de *Thoré* sur la *Bari* mystique.

K. 1498 à 1513 — *Terre émaillée, émail, serpentine, lapis, bronze et argent.* Petits PECTORAUX offrant des images de divinités, d'emblèmes et d'animaux sacrés.

h. *Bijoux de formes variées.*

1514 — *Argent.* Petit ÉTUI avec couvercle à bélière.

1515 — *Plaque d'or.* La VACHE symbolique de la déesse *Hathôr*, nourrissant un enfant ; au-dessous, inscription hiéroglyphique explicative, signifiant : *la déesse Hathôr, souveraine du Sycomore, allaitant la dame de maison Isénofré.* Bijou funéraire. (*Voir* les nᵒˢ K. 285 à 287.)

1516 — *Argent.* Petite ÆGIDE à *tête de lionne.* (*Voir* B. 248 *bis.*)

1517 — *Plaque d'or.* Une femme vêtue de la *calasiris*, adorant la déesse HATHÔR *Boucéphale.*

1518 — *Argent doré.* Figurine représentant le dieu KHONS.

1519 — *Argent.* La déesse MÉRÉPHTHA assise.

1520 — *Idem.* Bijou représentant un petit CONTREPOIDS de collier, terminé par une tête de la même déesse.

1521 — *Or.* Un LION en repos.

1522 à 1525 — *Plomb, étain et bronze.* Petits ÉPERVIERS, les ailes éployées.

1526 — *Bronze et émaux de couleur.* SCARABÉE de Phré, les ailes éployées.

1527 — *Or massif.* Une TORTUE trouvée en Egypte, mais d'un travail qui ne paraît point égyptien.

K. 1528-1529 — *Or.* Deux Grappes de raisin, de travail égyptien.

1530 — *Argent.* Un petit Aigle.

1531 — *Lapis.* Cylindre de travail assyrien, représentant un homme placé horizontalement, poignardant un lion qui dévore une gazelle. Près de lui sont gravés un lapin et un oiseau. Le reste du pourtour du cylindre est occupé par un lacs.

1532 — *Idem.* Autre Cylindre; sur son pourtour sont grossièrement gravées cinq figures humaines et un animal ailé.

1533 — *Idem.* Très petit Cylindre assyrien représentant un *scorpion*, un *taureau* et une *gazelle*.

1534 — *Marbre rouge.* Amulette carré, portant, gravé en creux, un personnage assis sur un trône, élevant ses bras du côté d'une espèce d'autel.

1535-1536 — *Or.* Battans de porte d'un petit *naos*, décorés d'une figure de femme debout, portant des fleurs et des offrandes.

L. USTENSILES DOMESTIQUES.

a. Vases.

------

1 — *Bois. Forme de* Vase *à anse* en bois.

1 *bis* — *Idem peint.* Forme de Vase, avec inscription hiéroglyphique.

L. 2 à 18 — *Terre cuite*. Petits VASES de formes diverses, enduits d'un vernis de couleur, peints ou non vernissés.

19 à 21 — *Terre cuite peinte*. BARDAQUES d'une forme encore usitée en Égypte : le col et la panse de ces vases à boire sont décorés de colliers peints de diverses couleurs. L'un d'eux (19) porte le nom propre d'homme *Phénamon*, tracé à l'encre noire.

22 — *Terre émaillée*. BARDAQUE de terre cuite, avec une couverte d'émail bleu céleste, et des ornemens tracés en noir avec sélette antique.

23 à 26 — *Terre cuite*. Grands VASES d'une forme analogue à celle des *bardaques*, avec cols plus ou moins évasés. Ornemens peints en bleu.

27 à 29 — *Terre cuite peinte*. Grands VASES en forme de pomme de *pin*, décorés d'ornemens ou de fleurons de couleur bleue, rouge ou noire.

30-31 — *Idem*. VASES à deux anses, ornés de palmettes et feuillages tracés en noir.

32 — Grande AMPHORE en terre cuite.

32 *bis* — VASE A HUILE, avec couverte en jonc natté.

33 — *Serpentine*. VASE à deux anses.

34 à 38 — *Calcaire blanc*. VASES de formes variées, avec ornemens peints ou gravés linéairement en creux, et remplis de couleur bleue ; portant les noms de leurs possesseurs en écriture hiéroglyphique.

39 à 43 — VASES domestiques de formes variées en *serpentine, calcaire blanc, granit-brèche et granitel*.

L. 44 — *Albâtre oriental*. Grand VASE BALSAMAIRE à anses, avec couvercle.

45 à 49 — *Idem*. VASES en forme de cornet, et du genre nommé *cadus* par les anciens Romains.

5o à 54 — *Idem*. VASES de la forme des *balsamaires*, sans anses.

55 à 59 — *Idem*. VASES d'une forme se rapprochant de celle des *Ampullaires*. Le n° 54 offre sur sa panse le nom d'une princesse appelée *Noub-Hem*.

6o-61 — *Idem*. VASES AMPULLOÏDES de forme déprimée.

62-63 — *Idem*. VASES approchant de la forme d'une *grenade*.

64 à 67 — *Idem*. VASES A ANSES de formes variées.

68 à 87 — *Albâtre et terre émaillée*. Petits VASES de formes très variées.

88 — *Idem*. Grand VASE à parfums.

89 à 95 — *Terre émaillée*. VASES et autres USTENSILES domestiques.

96 à 104 — *Bronze*. VASES de diverses formes et autres ustensiles domestiques.

1o4 *bis*. — VASE en verre *blanc*, orné de cordons.

b. Bassins, coupes, etc.

1o5 à 113 — COUPES en *terre émaillée bleue*, ou *bleue perse*, ornées d'étoiles, de bouquets de lotus, ou de poissons *binni* tracés en noir.

114-115 — COUPES en *albâtre oriental*.

L. 116 à 122 — COUPES en *bronze*, dont six d'un métal très remarquable par la bonté de son alliage, et le son pur et prolongé que rendent ces coupes lorsqu'elles sont frappées. Le pourtour de la coupe n° 116 est décoré d'une inscription hiéroglyphique.

123 — COUPE en *or*, dont le fond est orné de poissons *binni* se jouant parmi des fleurs de lotus. Sur le pourtour est une inscription hiéroglyphique contenant les titres et le nom d'un *secrétaire royal*, appelé *Thoth*, et qui, parmi d'autres qualifications, prend celles d'intendant de l'*étain*, de l'*or* et de l'*argent*, sous le règne du roi *Thoutmosis III* (le *Mœris* des Grecs).

124-125 — Grands BASSINS en albâtre oriental.

125 *bis* — BASSIN en *verre blanc*, avec le panier qui le renfermait dans un tombeau de Thèbes, où il a été trouvé.

126 à 128 — *Albâtre oriental.* CASSOLETTES à puiser des liquides, imitant la forme du poisson *latus*.

129-130 — Deux PATÈRES en bronze.

131 à 133 — *Bronze.* SIMPULUM en bronze.

c. *Meubles.*

134 — *Bois dur.* FAUTEUIL à pieds de lion, avec dossier orné de marqueteries en ébène et en ivoire d'hippopotame. Le siége était formé par un treillis en cordelettes qui existe encore en partie.

134 *bis* — *Bois. Dossier* de FAUTEUIL, avec scène d'adoration peinte.

L. 135 — *Bois*. TABOURET dont le siége est revert en jonc natté.

136 — *Idem*. COFFRET peint en jaune, à baguettes peintes en blanc et couvercle à charnière, avec inscription hiéroglyphique.

137 — *Idem*. COFFRET décoré d'ornemens peints de diverses couleurs, couvercle à charnière, inscription hiéroglyphique.

138 — *Idem*. COFFRET à couvercle mobile, décoré de fleurs de lotus et autres ornemens peints.

139 à 147 — PANIERS de formes variées en *jonc* ou en *feuilles de palmier*.

148 à 155 — PANIERS de formes variées, tressés en jonc coloré.

156 à 158 — NATTES en *jonc* et autres objets de vannerie.

Comestibles et autres objets destinés à être présentés en offrande, trouvés auprès des momies dans les catacombes de l'Égypte.

159 — Fruit du DOUM, ou *palmier de la Thébaïde*.

160 — MYROBOLANS d'Egypte, *balanites Ægyptiaca*.

161 — RAISINS de l'espèce dite *de Damas*.

162 — RAISINS dits *de Corinthe*.

163 — Fruits du LOTOS, qui, selon Homère, faisait oublier leur patrie aux étrangers qui en goûtaient. C'est l'*ahamnus-lotus* de Linné.

L. 164 — Fleur liliacée tróuvée sur la poitrine d'une momie; cette plante paraît appartenir à un genre voisin de celui des *colchiques*.

165 — Citron; le *citrus medica* de Linné.

166 — Grenades. *Punica granatum.*

167 — Mimusops *elengi*, fruit de la famille des sapotacées originaire de l'Inde.

168 — Myrsine, *Myrsine africana*; arbrisseau commun à l'Afrique et à l'Asie.

169 — Ricin, plante africaine dont les semences produisent une huile bonne à brûler : c'est le *kiki* d'Hérodote.

170 — Dattes du *phœnix dactylifera*, ou palmier ordinaire.

171 — Fruits de l'Acacia hétérocarpa.

172 — Blé ordinaire, *triticum hybernum*.

173 à 175 — Fragmens de Pains de diverses espèces.

176 — Fleurs de Nymphæa. Le Lotus sacré; nommé *baschnin* par les Arabes, qui ont conservé l'ancien nom égyptien.

177 — Figues de *sycomore*.

178 — Cire d'abeilles.

179 — Gomme résine appelée *bdellium* ou *balsamum* par les anciens.

180 — Résine ou *vernis égyptien* composé avec la résine de cèdre.

181 — Baume funéraire composé d'asphalte ou bitume de Judée mélangé avec plusieurs autres substances aromatiques analogues au gingembre, à l'amomum, etc.

L. 182 — GOMME ARABIQUE. Malgré sa couleur noire cette substance n'a perdu aucune de ses propriétés.

183 — BEURRE DE MUSCADE ; le *cinnamomum* des anciens, d'après les expériences chimiques de M. Bonastre, aux soins duquel nous devons aussi la détermination exacte de la plupart des fruits et substances indiqués dans cette subdivision de la notice.

M. INSTRUMENS ET PRODUITS DES ARTS ET MÉTIERS.

a. Armes.

1 à 3 — ARCS en bois; l'un d'eux conservant encore quelques débris de sa corde à boyau.

4 à 20 — FLÈCHES de chasse, en jonc, armées de fragmens de *silex :* quelques unes sont *barbelées.*

20 *bis* — *Os et Bronze.* Cinq POINTES DE FLÈCHES et de JAVELINES ; deux d'entre elles sont triangulaires, et une troisième en forme de *carreau.*

b. Instrumens de musique.

21 — TAMBOUR à *timbre* et à *double peau* tendue au moyen de *lanières de cuir,* sur une caisse en *bois,* de forme bombée, et composée de petites douves.

22 — TYMPANUM très analogue à nos tambours de basque.

M. 23 — TAMBOUR en forme de demi-poire avec les restes de la peau dont il était recouvert.

24 à 25 — Manches de SISTRES, ornés de la tête symbolique de la déesse *Hathór*.

26 — Une HARPE à...... cordes, recouverte de maroquin vert, décorée en dessous de fleurs de lotus découpées à jour.

27 à 28 — SAMBUCA ou *petite harpe* portative à *quatre cordes*. Débris d'un instrument semblable.

29 —Roseau percé en forme de FLÛTE.

c. *Objets relatifs à l'agriculture.*

3o — Une HOUE en *bois*.

3i — Un CRIBLE en *jonc*.

32 — PEINTURES *à la détrempe* représentant divers travaux agricoles, le *labourage*, le *semage*, la *moisson* et l'*égrenage du blé*.

d. *Chasse et pêche.*

33 — Peinture à trois registres, représentant une sorte de MARCHÉ public auquel divers individus portent des comestibles de toute espèce, *herbages*, *viandes*, *gibier* et *poisson*.

e. *Objets relatifs à l'art du tissage.*

34 — Une POIGNÉE DE FIL teint au *henné*.

35 — ECHEVEAU DE FIL très fin (dans le cadre n° 4i).

36 à 4o — Morceaux de TOILES DE LIN, avec franges de diverses espèces.

M. 41 — Cadre contenant vingt échantillons de TOILES DE LIN égyptiennes, antiques.

N° 1   TISSU QUADRILLÉ remplissant l'effet du tissu moderne nommé *Louisine*.

N° 2   TISSU du même genre, un peu plus fin.

N° 3 à 4   TISSUS rayés par l'ourdissage.

N° 5 à 8   TISSUS du même genre, plus ou moins fins.

N° 9   TISSU DE LIN d'une grande réduction, à lisière rayée bleue.

N° 10   TOILE DE LIN avec frange très fournie à la lisière, formée par un broché lié dans cette lisière et produisant l'effet d'une bordure cannelée.

N° 11   TISSU rayé par l'ourdissage, dont la trame est entièrement recouverte par la chaîne.

N° 13   TOILE peu fournie en chaîne, teinte au *henné*.

N° 17   TOILE DE LIN avec un chef rouge de l'Inde.

N° 19   TISSU très fin, présumé coton, de la réduction de la *turquoise*.

N° 20   Autre plus fin que le précédent.

M. 42 — Cadre renfermant vingt échantillons de TOILES *égyptiennes de coton, de laine*, etc.

N° 1 à 16 MOUSSELINES variant de finesse.

N° 17   TISSU imitant la *mousseline des Indes*.

N° 18   TISSU *peluché, raffiné* par la chaîne sur fond toile.

N° 19   Tissu broché, produisant le travail des *Gobelins*, par la réunion de deux fils travaillant isolément dans la toile.

N° 20   Turquoise brochée dans le principe des *Gobelins*, avec quelques parties de broderies au petit point. Les caractères brochés sur ce tissu forment le prénom et le nom propre du Pharaon *Ramsès-Meiamoun*.

f. Objets relatifs à la navigation.

M.   43 et 44 — Peintures *à la détrempe*, représentant *deux barques* à rames, à un mât, avec gouvernail.

g. Objets relatifs aux arts de la peinture et de l'écriture.

45 à 49 — Palettes de scribes en *ivoire*, en *ébène* ou en *bois précieux*, à deux godets ronds, dont plusieurs contiennent encore les pains de couleur *noire* et *rouge*, qui, délayés par le *pinceau*, servaient à tracer les caractères sur des feuilles de papyrus.

50 — Palette de basilicogrammate, ayant appartenu, comme l'apprennent les légendes hiéroglyphiques, à un personnage de cet ordre, (à un secrétaire royal), nommé *Ramisé*. Le haut de cette palette est occupé par une scène gravée au trait, et représentant le Basilicogrammate adorant Osiris assis dans un *naos*. Les deux colonnes verticales d'hiéroglyphes, ainsi que les quatre du revers, contiennent des invocations aux dieux *Phtha, Amon-Ra, Phré, Osiris, Isis*, etc., etc.

M. 51 —Palette de basilicogrammate, en *albâtre*, ayant appartenu à un de ces fonctionnaires *attaché au grand temple de Memphis*, et nommé *Aménothph* (Aménophis). Invocations à *Osiris* et à *Anubis*.

52 — Palette d'hiérogrammate, ou scribe sacré, à quatre godets elliptiques, contenant des pains de couleur *noire, rouge* et *jaune*. Les légendes hiéroglyphiques contiennent des invocations aux dieux *Amon-Ra* et *Thôth* l'inventeur de l'écriture, adressées par le possesseur de la palette, nommé *Pôi*.

53 — *Bois*. Palette d'hiérogrammate, offrant vers le haut une date du règne d'*Acherrès-Ousirei* de la XVIIIe dynastie, et dans la coulisse destinée à recevoir les pinceaux, le nom d'un *hiérogrammate d'Ammon, dieu éponyme de Thèbes, appelé Tothoes*. Cette palette portait *sept* pains de couleurs variées dans des godets *elliptiques*.

54 —*Idem*. Palette d'hiérogrammate à *neuf godets elliptiques*, avec restes de couleurs. Vers le haut un bas-relief, à demi effacé, représentant les dieux *Thôth, Phtha* et *Phré*. Dans la coulisse le nom du *hiérogrammate Amménèmes*. Sur l'épaisseur de la palette est le nom de Pharaon *Ramsès-le-Grand* (Sésostris), ce qui donne la date du monument.

55 — *Idem*. Simulacre de palette de scribe, terminée par une tête de schacal, symbole d'*Anubis*, avec inscriptions gravées au revers, en creux et remplies de mastic jaune, relatives à un *prêtre d'Ammon*, nommé *Djokenkhons*, qui in-

voque tous *les dieux et toutes les déesses de la contrée des morts* ou de l'*Amenté* (l'enfer).

M. 56 —Couleurs égyptiennes antiques recueillies dans les tombeaux de Thèbes, 1°. *blanc ;* 2°. *jaune* dans le ton du jaune de *chrôme ;* 3°. *jaune* un peu plus foncé ; 4°. *jaune* dans le ton de l'ocre ; 5°. *brun-rouge ;* 6°. *cendrebleue ;* 7°. couleur *bleue* de nature vitreuse ; 8°. *bleu-pers* de nature vitreuse ; 9°. *noir* imitant le noir d'ivoire.

57 — Roseaux nommés *kasch* en langue égyptienne, servant de *pinceaux* pour tracer les caractères sur le papyrus.

58 — Feuilles et fragmens de Papyrus ou papier d'Egypte de différentes nuances.

59 — Instrumens pour glacer *le papyrus* avant d'y tracer des figures ou des caractères. Ces Polissoirs sont en *émail noir* et en *émail tacheté,* d'une extrême dureté.

60 à 61 — *Terre émaillée bleue* et *bleue-perse.* Encriers à quatre cornets avec des évents.

62 — *Pâte émaillée.* Encrier représentant une *grenouille* ornée d'incrustations en émaux de couleur, à deux godets, et le dos criblé de petits trous pour recevoir les *roseaux* ou *plumes* à écrire.

63 — Roseau taillé dans la forme des plumes modernes.

63 *bis* — Instrument tranchant ayant servi de canif, et nommé *baï* en langue égyptienne.

64 — Livre égyptien en écriture *hiéroglyphique* ou *sacrée.*

M. 65 — **Livre égyptien** en écriture **hiératique** ou *sacerdotale*.

66 — **Livre égyptien** en écriture **démotique** ou *populaire*.

67 — **Volume de papyrus** enveloppé d'une toile enduite de baume, tel qu'on les trouve dans les hypogées ou catacombes de l'Egypte, entre les mains, sous les bras, ou entre les jambes des momies.

68 à 70 — **Tablettes** en bois recouvertes d'une couche de cire sur laquelle on remarque encore diverses espèces de caractères.

71 à 75 — **Styles** et instrumens *en bronze* pour étendre la cire sur les *tablettes*, pour tracer ou pour effacer les caractères.

76 à 77 — **Sceaux** en bois avec inscriptions pieuses.

78 — **Sceau** en bois, d'un temps postérieur à l'introduction du christianisme en Egypte.

79 à 86 — **Sceaux** et **cachets** *en terre émaillée*, de formes variées, portant des *légendes royales* ou des *inscriptions pieuses*.

87 à 89 — **Cachets** *montés en bagues tournantes*, formés d'un *scarabée* de terre émaillée, monture en *bronze*. — Le n° 89 présente sur sa partie gravée en creux les trois grandes divinités de Thèbes *Ammon – Chnouphis, Neïth - Mouthis* et *Khons*.

90 à 98 — **Cachets** *montés en bagues tournantes*, formés d'un *scarabée* en *terre émaillée*, monture en *fer*. La partie gravée porte soit des images ou emblèmes de *divinités*, soit des *légendes pieuses*.

M. 99 à 101 — Cachets du même genre portant des *légendes royales*.

102 à 110 — Cachets ou *portions de sceaux* du même genre que les précédens, monture en *electrum*. Le n° 102 offre les titres et le nom propre d'un *basilicogrammate* nommé *Amosis* ou *Amasis*. Le n° 104 porte la légende royale de *Ramsès-le-Grand* (Sésostris), et le n° 105 représente le dieu *Amon-Ra* et la déesse *Neïth-Mouthis* (Bouto), se donnant la main. Les scarabées de cette classe de sceaux, sont en *terre émaillée* ou en *émail* pur.

111 à 116 — Cachets *en forme de bague tournante*, montés en *argent*. Les scarabées, dont un en cornaline, portent des légendes pieuses ou des figures d'animaux.

117 à 120 — Cachets du même genre, *montés en argent*, avec scarabées ou amulettes portant les légendes royales des Pharaons *Thoutmosis* III, *Thoutmosis* IV, *Aménophis* III (Memnon), et de la reine *Taïa*.

121 à 129 — Cachets du même genre, *montés en or*, les scarabées en *lapis-lazuli, jaspe, cornaline, pâte vitreuse* et *terre émaillée*.

130 à 135 — Cachets *en bagues tournantes*, *montés en or*, avec scarabées de *lapis, jaspe, cristal de roche, pâte vitreuse* et *terre émaillée*, portant les légendes royales des Pharaons *Thoutmosis* III, *Ramsès-le-Grand*, *Sésonchis* chef de la XXIIe dynastie, et de la reine *Remai*.

M. 136-137 — CACHETS formés de *scarabées en or*, montés en même métal, l'un portant les emblèmes d'*Hathôr*, l'autre le nom propre de femme *Tanofré*.

138 à 145 — CACHETS *montés en or*, et formés d'amulettes gravés, de diverses formes, ovales, à double face, demi-olives, etc.

146 — CACHET en *or massif*, de forme carrée, monté en bague tournante, et portant la légende royale du Pharaon *Thoutmosis* IV, de la XVIIIe dynastie.

147 — CACHET en *or massif*, dans le genre du précédent, portant sur ses quatre faces gravées, un lion, un sphynx et des ornemens.

148 — CACHET en *terre émaillée*, de forme carrée, monté en *or*, et représentant sur ses deux faces le roi *Thoutmosis* III, sous la forme d'un *sphynx* terrassant et foulant aux pieds les ennemis de l'Égypte.

149 — SCEAU en *or massif*, représentant la divinité vulgairement connue sous le nom de *Canope*, dans la forme d'un vase à tête humaine, ornée d'insignes symboliques.

150 — SCEAU en *or massif*, portant, gravé en creux, le portrait de la reine *Cléopâtre*, surnommée *Cocce*, deuxième femme de *Ptolémée Evergète* II.

151 — *Bronze*. SCEAU de forme carrée, contenant, gravé en relief, le mot AMONÈI, nom égyptien de la ville de *Thèbes*, la première capitale de l'empire égyptien.

152 à 166 — SCARABÉES en *terre émaillée, émail,*

pâte de couleur et *prime d'améthyste*, provenant de *cachets* montés en *bagues* (*semblables aux* n^os M. 90 à 145), portant des noms ou titres de simples particuliers des deux sexes.

M. 167 à 172 — EMPREINTES DE CACHETS, antiques, sur terre sigillaire.

h. *Objets relatifs aux jeux et aux amusemens de l'enfance.*

173 — *Bois.* Une POUPÉE ou MANNEQUIN, bras mobiles; sur la tête existent encore des traces de cheveux implantés.

174 — *Idem.* Une POUPÉE, moins complète.

175 — *Ivoire.* Une très petite POUPÉE.

176 — *Idem.* Un FORGERON, à bras mobiles, d'un travail grossier.

177 à 178 — *Cuir.* PAUMES formées de sections de sphère en cuir, cousues et bourrées de *bâle* d'une plante céréale.

179 — *Bois.* PAUME à compartimens peints en bleu et en rouge.

180 — Un OSSELET en *ivoire.*

181 à 184. *Bois.* SABOTS auxquels on imprimait un mouvement de rotation par le moyen d'un *fouet.*

185 à 191 — LATRUNCULI, ou petits cônes en terre émaillée bleue, ayant servi de *pions* et de *pièces* pour un jeu analogue à nos jeux de dames ou d'échecs.

1. Instrumens et produits de divers métiers.

M. 192 à 199 — *Bronze.* AIGUILLES de diverses grosseurs.

200 à 202 — Petites PINCES *en bronze.*

203 — CLOUS en *bronze* de différentes espèces.

204 — *Bronze.* PENTURES et GONDS de porte.

205 — *Idem.* POINTES ajustées dans des manches de *bois.*

206 à 209 — *Idem.* Quatre espèces de RATISSOIRS garnis de DOUILLES pour les assujettir à un manche.

210 — *Bois et ivoire.* Espèce de VERROU dont la monture est terminée par une tête de canard.

211 — *Bois peint.* Petit MODÈLE DE LIT supporté par quatre pates de lion.

212 — *Hématite.* Un BRUNISSOIR de forme conique.

213 — *Bronze.* Une BAGUETTE *recourbée en crochet,* et qui peut avoir servi dans les embaumemens.

214 — *Albâtre calcaire.* MOULE *de dépouille* représentant un *oiseau.*

215 — *Calcaire.* MOULE A DEUX PIÈCES, destiné à couler des empreintes *en cire.* AMSÈT debout.

216 — *Idem.* MOULE *à deux pièces,* représentant le même génie.

217 — *Idem.* MOULE *à deux pièces.* Même sujet.

218 à 220 — *Verre coloré.* Débris de vases ornés de lignes ondoyantes de couleurs variées.

M. 221 — *Verre coloré dans sa masse.* Débris d'un *canon* représentant, sur fond bleu, une fleur à huit pétales blanches, réunies par une étamine de couleur rouge.

222 — *Idem.* Une PLAQUE carrée et de couleur noire, dont le centre est occupé par une fleur à quatre pétales et nuancée de trois couleurs.

223 — *Idem.* Une AILE nuancée de *six* couleurs.

224 — *Idem.* Fragment de LAME de couleur verte, remplie de tubes d'un ton plus clair et sciée en *contre-passe.*

225 à 232 — *Émaux de couleurs diverses.* Débris de figures *appliquées* ou *encastrées.*

233 à 235 — *Émail rouge.* Morceaux d'une matière parfaitement semblable à la *porporina* des Italiens. L'un d'eux est presque réduit à l'état de *fritte.*

236 — *Émaux de couleurs variées.* Trente - deux BOUTONS et GLOBULES.

237 — *Idem.* Vingt-cinq *pendeloques* ou *ornemens* de forme allongée, qui décorent quelquefois les RÉSEAUX d'*émail* placés sur quelques momies; l'un d'eux, dont le canal est irisé intérieurement, imite assez bien le *nacré* d'une perle.

238 — *Émail bleu clair.* Sommité d'un ornement d'application, représentant *un chapiteau en fleur de lotus.*

239 — *Émail et verre.* Trente débris de couleurs et de formes variées.

240 — *Verre incolore.* Une ANSE DE VASE ou *de petite coupe;* sur sa partie supérieure, on lit en caractères grecs le nom et la patrie de l'artiste

dont elle est l'ouvrage : ΑΡΤΑΣ ΣΕΙΔΩ (Artas de Sidon). Le revers présente les mêmes mots en caractères latins. Le musée de feu M. Bartholdi, à Rome, conserve un objet semblable.

M. 241 — *Verre bleu.* MASQUE *de femme*, moulé sur les deux faces opposées du même morceau.

242 — *Verre noir et blanc.* TÊTE *humaine*, traitée en caricature, et garnie d'une bélière en même matière.

243 — *Verre jaune et de couleur verte.* Deux EMPREINTES en relief; l'une représentant un Ibis debout, et l'autre un objet assez peu reconnaissable. Travail grec ou romain.

244 — *Émail.* Débris de COIFFURE d'un cerceuil de momie. Sa masse principale est bleue et chargée de lignes brisées en relief. La partie inférieure, qui tombait sur le sein, est décorée d'émaux rouges, bleus et verts, incrustés entre des parties dorées.

245 — *Bois de fer.* Autre fragment d'un objet semblable, avec application de lignes brisées, exécutées avec de petites plaques et des filets d'ivoire et de bois de couleurs tranchées. Ce débris est un reste précieux de l'art de la tabletterie chez les Égyptiens.

COLLECTION ÉGYPTIENNE.

SALLES FUNÉRAIRES.

(LA Iʳᵉ ET LA IIIᵉ DU MUSÉE CHARLES X.)

On a réuni dans ces deux salles tous les objets relatifs à l'embaumement des corps humains. Cette pratique, dont le but était à la fois religieux et sanitaire, n'a cessé qu'après l'établissement du christianisme en Égypte : l'embaumement était plus ou moins recherché, selon le temps et selon l'importance des individus. Cet art déchut sous la domination des Grecs et des Romains; les momies préparées avec le plus de soin et de recherche appartiennent toutes à l'époque des Pharaons ou rois de race égyptienne.

N. MOMIES.

N. 1 — MOMIE OU CORPS EMBAUMÉ d'un individu nommé *Siophis*, enveloppé de bandelettes de lin et de coton, artistement disposées, et de manière à conserver toutes les formes du corps. Les bras et les jambes, les doigts des pieds et des mains, sont entourés séparément. Sur sa face est un masque doré; un *collier* en cartonnage de toile peint couvrait sa poitrine; au milieu est figuré un *pectoral* portant les images des trois divinités *Osiris*, *Horus* et *Isis*. Une sorte de tablier, aussi en cartonnage, occupe la partie moyenne du corps. On y a représenté, 1°. Le *scarabée du dieu Phré* (le Soleil), accompagné d'une prière à *Osiris, dieu grand seigneur du ciel; à la déesse Isis, mère divine à Nephtys; déesse adelphe;* au *dieu Horus,* le vengeur *de son père; à Phré* (le Soleil), *dieu sauveur, dieu grand, seigneur du ciel, rayon de vérité manifesté dans le firmament,* et *au grand dieu Atmou, seigneur du monde inférieur;* 2°. NETPHÉ, déployant ses ailes sur le corps du défunt; la déesse tenant dans chaque main l'emblème de la justice et accompagnée de la légende ordinaire : *Netphé, grande génératrice de tous les dieux;* 3°. le corps du dieu Osiris, couché sur le lit funèbre, et environné de plusieurs divinités de sa famille, *Isis, Nephtys,* et les quatre génies des morts, *Amset, Hapi, Soumautf* et *Kebhsnif,* reconnaissables à leurs têtes symboliques; celles *d'homme*, de *cynocéphale*, de *schacal* et d'*épervier*. Ces divinités sont représentées deux fois au bas du cartonnage ; l'inscription qui en occupe la longueur signifie : *Ceci est l'Osirien* (ou le défunt) SIOPHIS, *ami de la justice, fils de dame Tharô : qu'Anubis, surveillant des corps et de la porte divine, vienne à toi et t'accorde une bonne sépulture dans les régions occidentales.* Au-dessous de ces pièces de cartonnage était placé le beau *réseau d'émail* (P.).

N. 2 — MOMIE DE FEMME : le corps est enveloppé de bandelettes, sans aucune autre décoration extérieure.

3 — MOMIE D'HOMME. Ce corps embaumé est celui d'un Grec appartenant à une famille établie à Thèbes à l'époque de l'empereur Hadrien ; le portrait de cet individu, *peint à l'encaustique*, est fixé sur les bandelettes qui recouvrent la face.

O. CERCUEILS DE MOMIES.

O. 1. — *Bois peint.* PREMIER CERCUEIL, ayant renfermé la momie d'un *prêtre de Thèbes, chargé des offrandes faites à Ammon, à Mouthis–Neïth, à Khons et à tous les autres dieux des régions supérieures et inférieures, hiérogrammate, scribe des temples de Thèbes,* nommé SOUTIMÈS ou SOUSOUMÈS (1). Le couvercle de ce cercueil offre

(1) Inscriptions longitudinalement tracées sur le couvercle.

l'image du défunt ayant les bras croisés sur sa poitrine. Les peintures qui le couvrent, et qui sont d'une finesse très remarquable, représentent ce personnage, adorant successivement les dieux *Phré* (le Soleil), *Chnouphis*, *Osiris* assisté d'*Isis* ou de *Nephthys*, divers *animaux sacrés*, et le dieu *Osiris* se levant de son lit funèbre. Sur les pieds sont figurées les déesses *Isis* et *Nephthys*, pleurant la mort de leur *divin frère Osiris*. Toutes les parois extérieures et intérieures de ce magnifique cercueil sont couvertes de scènes peintes, dans lesquelles le défunt adore successivement la plupart des divinités égyptiennes, dessinées en pied ou sous la forme mystique de sphynx décorés d'insignes variés.

O. 2 — *Bois peint*. SECOND CERCUEIL de la momie de l'*hiérogrammate* SOUTIMÈS , renfermé jadis dans le précédent ; aussi les peintures qui décorent cette caisse sont-elles exécutées avec plus de soin et de recherche que celles du premier cercueil. On y remarque également le défunt adressant ses supplications aux dieux *Phré*, à *Chnouphis* assisté de *Neïth*, à *Osiris* à *Isis veuve* et à *Nephthys*, déplorant la mort d'Osiris. Les inscriptions contiennent le nom et les titres de *Soutimès*, et une prière qu'il est censé adresser à la *grande âme du monde céleste*.

3 — *Cartonnage de toile, peint*. COUVERCLE INTÉRIEUR du second cercueil de la momie de l'*hiérogrammate* Soutimès. Le *scarabée* du soleil décore la poitrine du défunt. Au-dessous est la déesse *Netphé (Rhéa*, mère d'Osiris), les ailes déployées et tenant l'emblème de la *vie*. A droite et à gauche,

l'hiérogrammate adressant ses prières à divers dieux et déesses. Les deux colonnes verticales d'hiéroglyphes contiennent le nom et les titres de *Soutimès*, et se terminent par des invocations à la déesse *Netphé*.

O. 4 — *Bois peint*. PREMIER CERCUEIL de la momie d'un *hiérogrammate* de *Thèbes*, nommé POERIS. Sur le côté gauche du cercueil sont les scènes suivantes : 1°. Le dieu *Sóou*, soutenant le ciel par le secours du dieu *Chnouphis*, *l'âme du monde*; à leurs pieds est le dieu *Sèv* (Saturne), couché et dont les chairs sont de couleur verte; 2°. le défunt *Poeris*, adorant les quatre génies des morts; au pied du cercueil la déesse *Isis* portant les emblèmes de la *vie*, de la *stabilité* et du *bonheur*. Sur le côté droit, 1°. *Osiris* assis sur son trône et assisté de la *déesse de l'Occident*, reçoit de son fils *Horus*, accompagné du dieu *Thôth*, l'œil symbolique gauche ; 2°. le défunt *Poeris*, adorant les quatre génies des morts. Vers la tête du cercueil, on a peint la déesse *Nephthys Ptérophore*. Le fond du cercueil est occupé par une magnifique figure en pied de la déesse *Isis*.

5 — *Idem*. SECOND CERCUEIL de la momie du *hiérogrammate prêtre* d'Ammon POERIS, sans couvercle. A l'extérieur, vers la tête, est peinte la déesse *Nephthys*, entre deux symboles de l'Occident. *Côté droit* du cercueil, 1°. *Isis* et *Nephthys*, adorant *Osiris stabiliteur*; 2°. le défunt *Poeris*, à la porte d'un palais, contemple la scène de la présentation de l'œil mystique, faite par les dieux Horus et Thôth à Osiris, assisté de la déesse *Amenti* et du dieu

Héki; 3°. le défunt adore le dieu soleil, Phré, dans sa *bari* ou vaisseau mystique remorqué par des schacals et quatre divinités secondaires. La *bari* navigue sur le caractère du *ciel* placé au-dessus d'un serpent, emblème du cours des planètes; 4°. *Isis* et *Nephthys*, adorant leur frère *Osiris*; 5°. la déesse *Netphé*, au pied de l'arbre mystique, nourrissant de son fruit l'âme du défunt *Poeris*, et lui versant le breuvage divin. *Côté gauche* du même cercueil : 1°. *Isis, Osiris* et *Nephthys*; 2°. scène déjà décrite, n° 1, du premier cercueil (Sôou); 3°. le jugement de l'âme du défunt Poeris, lequel est figuré non loin de la balance, portant sur sa main *ses yeux* et *sa bouche*, comme pour attester la pureté de ses regards et de ses discours; 4°. le défunt adorant la vache mystique de la déesse *Hathor*, sortant d'une montagne sur le flanc de laquelle est la porte de l'hypogée qui devait recevoir la momie du défunt.

O. 6 — *Bois peint.* CERCUEIL renfermant la momie d'une jeune femme nommée *Tentamon*, couvert extérieurement et intérieurement de peintures très finement exécutées, et reproduisant la plupart des scènes religieuses déjà décrites.

7 — *Idem.* CERCUEIL d'une femme nommée *Ouaranès*, fille de l'*hiéracophore Pakhopsch.* Les deux parties de ce cercueil se font remarquer par le grand nombre des images de divinités qu'on y a peintes, et principalement par la finesse et la beauté des longues légendes hiéroglyphiques qui les accompagnent.

8 — *Idem.* CERCUEIL d'un thébain nommé *Pétof* (voir le cartonnage, P. n° 1).

O. 9 — *Bois peint.* CERCUEIL qui renfermait la momie d'un membre de la caste sacerdotale, nommé *Onkhpsès*, *fils d'Ammonékhis.* Les trois légendes hiéroglyphiques sont des invocations aux dieux *Phré*, *Phtah-Socharis* et *Osiris.*

10 — *Idem.* CERCUEIL d'un individu nommé *Iôt*, *fils de Mandouètis*, décoré d'un grand nombre de légendes hiéroglyphiques.

11 — *Idem.* CERCUEIL ayant renfermé la momie d'un nommé *Mour-sa-Amon*, sans titres ni qualifications.

12 — *Idem.* CERCUEIL d'un personnage nommé *Horus*, fils de *Iôt* (*voir* le n° 10).

13 — *Idem.* CERCUEIL destiné à renfermer la momie d'une femme nommée *Tharôou*, *fille de Iôt.* Les peintures qui le décorent sont peu soignées, et appartiennent à une époque moins ancienne que celles qu'on a décrites sous les précédens numéros (1 à 9). — L'intérieur de ce cercueil contient une longue prière à Osiris, en faveur de la défunte. Sous les pieds, le bœuf *Apis* emportant vers l'hypogée la momie de *Tharôou.*

14 — *Idem.* Autre *cercueil* de momie de *femme* appartenant à la même époque.

15 — *Idem.* Autre cercueil destiné à une femme. Les inscriptions ont été retouchées et corrompues par une main moderne.

P. ORNEMENS FUNÉRAIRES.

a. Cartonnages peints, placés dans les cercueils en bois et destinés à renfermer le corps embaumé, enveloppé de bandelettes.

———

P. 1 — *Cartonnage de toile, peint,* ayant contenu la momie d'un Thébain, employé dans la maison royale, nommé Pétof, et qualifié de *prêtre d'Ammon.* Le masque est doré : au centre du collier est une image de la déesse *Thmei* (la justice). Au-dessous, le *scarabée* du Ier Hermès déployant ses ailes ornées d'émaux. A droite et à gauche sont les emblèmes de la déesse *Netphé* (Rhéa) et du dieu *Sev* (Saturne).—1er Registre : Le dieu *Thôth,* à tête d'Ibis, présente le défunt *Pétof,* assisté de la *déesse de l'Amenti,* au dieu *Phré* assis sur son trône.—Dans le 2e Registre sont peintes 17 *enseignes sacrées.*—3e Registre : l'*Egypte supérieure* et l'*Egypte inférieure* personnifiées, adorant *Osiris Sarapis,* le dieu de l'inondation. — 4e Registre : le jeune dieu *Horus* et son *Epervier sacré.* — 5e Registre : la déesse *Selk* étendant ses ailes sur les pieds de la momie.

2 — *Idem,* provenant de la momie d'un prêtre d'Ammon, nommé *Afomouthis.* Au - dessous du collier, richement peint, est 1°. l'*Epervier criocéphale* du dieu *Chnouphis,* la tête sur-

montée du disque lunaire ; 2°. une scène représentant le 2ᵉ Hermès, *Thôth*, conduisant le défunt à *Osiris* assisté d'Isis et des quatre Génies des morts ; 3°. l'*Epervier* du dieu *Phré* (le Soleil) les ailes éployées ; 4°. les déesses *Isis* et *Nephthys ptérophores*; 5°. les *Eperviers* du 1ᵉʳ Hermès, affrontés ; 6°. sur les pieds de la momie, les *schacals* gardiens des deux hémisphères.

P. 3 — *Cartonnage de toile, peint,* renfermant la momie d'une femme, nommée Thaèsi. Le *vautour* peint sur sa coiffure indique une mère de famille. Au-dessous du collier on remarque 1°. l'emblème du premier *Thôth*, le disque ailé ; 2° une scène dans laquelle la défunte *Thaèsi* est admise en présence d'*Osiris* et de ses deux épouses et sœurs *Isis* et *Nephthys ;* 3°. les *Eperviers,* emblèmes du premier Thôth et de Phtha-Socharis ; 4°. les dieux *Horus* et *Anubis* adorant l'emblème d'*Osiris* seigneur de l'Orient, leur père ; 5°. les images du dieu *Chnouphis* ou *Chnoumis*, et celles de plusieurs autres divinités, sur les parties latérales de ce cartonnage.

4 — *Idem*, ayant renfermé la momie d'un Egyptien, nommé *Osor.* Sur la poitrine l'*Epervier de Chnouphis :* au-dessous le dieu *Osiris* suivi des quatre Génies des morts ; l'*Epervier du Soleil ;* les déesses *Isis* et *Nephthys ptérophores* auprès de l'emblème d'*Osiris seigneur de l'Orient ;* et les Eperviers du *premier Hermès.*

b. *Masques et Portraits.*

P. 5 — MASQUES *en cartonnages de toile plus ou moins épais*, enduits *d'une légère couche de plâtre peint*, primitivement appliqués sur les bandelettes qui recouvraient la face des momies.

5 *bis* — *Or.* MASQUE provenant d'une *momie de roi*, ou d'un personnage de la plus haute distinction. Les yeux, les sourcils et la barbe étaient en une autre matière et rapportés.

6 — MASQUE d'une momie d'homme avec des restes de la chevelure figurée au moyen de petits cônes de *terre émaillée* combinés ensemble.

7 — MASQUE d'une momie de *femme*, dont la chevelure tressée et nattée avec beaucoup de recherche est retenue par un diadème. La *fleur de lotus* retombant sur le front est un emblème de mort. — Riche collier peint.

8 — MASQUE d'une momie de femme, dont les chairs sont peintes en rouge ; le *vautour* figuré sur la coiffure annonce que la défunte était *mère de famille*.

9 — MASQUE DORÉ provenant d'une momie d'homme ; imberbe.

10 — MASQUE DORÉ, barbu. On a peint sur le front le disque du soleil, doré, entre deux serpens *uræus*.

11 — MASQUE DORÉ provenant d'une momie de *femme*.

12 — MASQUE d'un jeune enfant en calcaire blanc, chairs peintes en rouge.

P. 13 — Masque d'un enfant, *en cartonnage de toile peinte*; collier peint de diverses couleurs.

14 — Masque d'une momie d'*homme*, de l'époque græco-romaine.

15 — Masque provenant de la momie d'un grec d'Egypte.

16 — Masques (six) de momies de femmes de l'époque græco-romaine, avec coiffure et ornemens de tête tout-à-fait étrangers aux femmes de race égyptienne. Trois de ces masques sont *dorés*.

17 à 21 — Portraits peints à l'*encaustique* sur des *planchettes de cèdre* extrêmement minces, représentant des individus de la famille græco-égyptienne de *Pollius-Soter*, archonte de Thèbes sous le règne de l'empereur Hadrien.

c. Hypocéphales, *ou disques de matières diverses, peints ou gravés sur l'une de leurs faces, et que l'on plaçait sous la tête des momies.*

22 — *Bronze.* Hypocéphale provenant de la momie d'une femme nommée *Tmauouasti.* Ce disque, gravé à la manière de nos planches sur cuivre, est couvert de figures symboliques et d'inscriptions en caractères sacrés. Le centre est occupé par une figure d'*Amon-Ra* à quatre têtes de béliers. On y remarque aussi les *Bari* ou *vaisseaux mystiques* du *soleil* et de *la lune.*

23 — *Bronze.* Hypocéphale, à peu près semblable au précédent, provenant de la momie d'un individu nommé *Bal-Har-rôou.*

24 — *Cartonnage de toile, doré.* Hypocéphale provenant de la momie d'une femme nommée

Iséheb. Les figures et les légendes sont gravées linéairement sur une couche de gypse.

P. 25 à 27 — HYPOCÉPHALES *en cartonnage de toile*. Les figures et les inscriptions sont tracées en noir sur un fond jaune.

d. COLLIERS FUNÉRAIRES *placés soit sur les bandelettes, soit immédiatement sur le cou du cadavre.*

28 — *Cartonnage de toile, doré.* Forme du COLLIER à plusieurs rangs, nommé *Oskh* en langue égyptienne, se terminant aux extrémités par deux têtes de l'*épervier du soleil*. Au centre est figuré un *pectoral* Un scarabée, les ailes éployées et soutenant un nilomètre, occupe l'intervalle existant entre les deux têtes de l'oiseau sacré.

29 — *Cartonnage peint.* PETIT COLLIER *Oskh* surmonté de l'emblème du premier Thôth.

30 — COLLIER formé par un fil de fer recouvert d'une lame d'or, auquel sont suspendues des figurines en bois représentant *Osiris, Isis, Horus* et *Anubis.*

31 — COLLIER formé d'un cordon dans lequel sont passées des images, en bois doré, d'*Isis,* d'*Osiris,* de *Nephthys,* et de trois génies de l'*Amenti.*

e. AMULETTES *provenant de colliers funéraires, ou dispersés sur les différentes parties de la momie, soit entre les couches de bandelettes, soit placés immédiatement sur le corps lui-même.*

32 à 46 — *Feuilles d'or, paillon doré, cire dorée et bois doré.* AMULETTES représentant les dieux

Chnouphis, *Phré*, *Arsiési*, *Amsèt*, et les déesses *Hathôr-Boucéphale*, *Neïth*, *Isis et Nephthys*, divinités à chacune desquelles l'une des parties du corps des vivants ou des morts était spécialement consacrée.

P. 47 à 66 — *Cire jaune, blanche ou rouge, et pâte balsamique*. Images des *quatre génies des morts* placées d'ordinaire dans l'intérieur du corps embaumé, ou dans de petits paniers autour de la momie.

67 à 107 — *Bois, cire, paillon doré, émail et feuille d'or*. Images en relief, repoussées ou gravées, d'*animaux sacrés*, tels que les taureaux *Apis* et *Mnévis*, la vache d'*Hathôr*, le chat, le vautour, l'épervier, l'ibis, l'uræus, la couleuvre et le scarabée.

108 à 113 — *Bois doré et paillon*. Image symbolique de l'*âme* sous la forme d'un épervier à tête d'homme ou de femme.

114 à 116 — Images symboliques de l'*âme* humaine en *or*, les ailes éployées et ornées sur leur partie postérieure d'*émaux verts et bleus*, contenus entre des filets d'or.

117 à 120 — *Bois doré*. Tête de la déesse *Hathôr*, avec le modius, ou en forme de *sistre*.

121 à 129 — *Cire et bois dorés, et verre*. Yeux symboliques, barbe, bout de sein, etc.

130 à 222 — *Bois et cire dorés, verre, pâtes vitreuses, jaspe, spath-vert, agate, porphyre, paillon doré et feuille d'or*. Petits amulettes représentant divers symboles : la coiffure de Phtha Socharis, le disque lunaire, l'emblème du firma-

ment, l'emblème de l'Orient, l'emblème de la vie, l'emblème de Nofré-Atmou, des bandelettes, des sceptres, des colonnes, l'emblème de la bonté, le nilomètre, des colliers, contrepoids de colliers, pectoraux, fermeture de collier, le vase *Héri*, des vases à libation, des pains sacrés, un sceau, des aiguilles, une tessère, le caractère symbolique *or*, et des carquois.

P. 223 à 240 — *Hématite.* Amulettes représentant des *hémicycles* ou chevets.

f. BRACELETS *funéraires.*

241 et 242 — *Cartonnage de toile.* Bracelets peints en compartimens dorés de couleur rouge et bleue.

g. BAGUES *funéraires.*

243 — *Or. Double bague à chatons accolés.* Sur le premier est gravé l'image d'une jeune fille nommée *Isénofré*, élevant ses bras supplians vers le dieu *Osiris*, gravé sur le second chaton (*voir* K, 285).

244 — *Idem. Double bague.* La même *Isénofre* adorant la déesse *Isis*, qui tient dans la main l'emblème des transmigrations de l'âme (*voir* K, 286).

245 — *Idem. Double bague. Isénofré* suppliant la déesse *Nephthys*, qui porte l'emblème du repos (*voir* K, 287).

h. DOIGTIERS.

246 à 251 — *Or.* ETUIS imitant la forme des deux premières phalanges du doigt, et dont on ornait

les mains des momies de personnages d'un rang élevé.

i. ORNEMENS *de poitrine.*

P. 252 à 255 — *Feuilles de bronze* ou *de plomb.* EPERVIERS les ailes éployées et tenant les sceaux dans leurs serres. Travail au repoussé (l'emblème du Soleil).

256 — *Idem.* VAUTOUR les ailes éployées et tenant les sceaux. Même genre de travail (emblème de Netphé).

257 — *Feuille de plomb.* Le DISQUE AILÉ, emblème du premier Hermès, peint en jaune.

258 à 261 — *Bois doré.* SCARABÉES de basalte, ou en pâte de verre bleue, *les ailes éployées* (emblèmes du Soleil).

262 à 271 — *Terre émaillée.* SCARABÉES de diverses grandeurs *à ailes mobiles* également en terre émaillée de nuances variées.

272 à 300 — *Terre émaillée, pâtes, verres colorés, serpentine et lapis.* SCARABÉES et *ailes de scarabées,* provenant d'ornemens semblables à ceux qu'on vient de décrire.

301 à 311 — *Cire, cuivre et plomb.* L'ŒIL symbolique droit, en relief ou repoussé soit sur des lames de cuivre, soit sur des feuilles de plomb (emblème du Soleil).

312 et 313 — *Plomb et bronze.* L'OEIL symbolique gauche (emblème de la Lune).

j. *Ornemens des parties antérieures du corps.*

P. 314 — *Émaux de couleur.* RÉSEAU FUNÉRAIRE formé de tubes et de grains d'émail blanc, bleu clair, bleu foncé, vert, rouge et orangé. Le pectoral représente le *scarabée sacré* placé entre quatre *nilomètres* et deux *schacals* gardiens.

P. 315 — Réseau en tubes d'émail bleu à grains intermédiaires de couleur orangée. Le pectoral offre les mêmes symboles que le précédent.

316 — *Idem.* Réseau formé de tubes et de grains en émail bleu.

317 à 342 — *Terre émaillée, lapis et pâte de couleur.* Scarabées provenant de réseaux funéraires.

343 à 360 — *Émail et terre émaillée.* Figurines représentant les Génies des morts *Amsèt, Hapi, Soumautf* et *Kebhsniv*, provenant de réseaux funéraires.

k. Images *et symboles de divinités provenant de la* décoration extérieure *de diverses momies.*

361 — *Cartonnage de toile.* La déesse *Netphé* les ailes éployées et tenant dans ses mains les emblèmes de la justice et de la vérité.

362 à 370 — *Idem.* Images des *quatre Génies des morts* destinés à être fixés sur le corps des momies à l'aide de bandelettes étroites.

371 à 374 — *Idem. Schacals* symboles d'*Anubis*, le gardien des morts. — Même destination.

375 à 390 — *Bois.* Images découpées et peintes d'*Osiris*, de *Thôth*, de *Nephthys* et des *Génies des morts.*

391 et 392 — *Idem.* Images *de défunts* en attitude d'adoration, destinées à être mises en rapport avec les *images de divinités* de l'article précédent.

P. 393 à 398 — *Cartonnages de toile, peints et dorés*. Fragmens d'INSCRIPTIONS funéraires, provenant de diverses momies.

l. CHAUSSURES FUNÉRAIRES *placées sous les pieds des momies.*

399 — SANDALE *en or* provenant d'une momie de *roi* ou de tout autre grand personnage.

399 *bis* à 401 — *Papyrus.* Sandales peintes de diverses couleurs.

402 — *Toile.* SANDALE barrée de couleur bleue et rouge sur fond jaune.

403 à 410 — *Cartonnage de toile.* SANDALES de diverses couleurs, quelques unes à rebords dorés, d'autres peintes en échiquier.

411 et 412 — *Cartonnages de toile.* Parties intérieures de cartonnages de momies représentant des SANDALES sur lesquelles les peuples ennemis de l'Egypte, tant ceux du Nord que ceux du Midi, sont représentés vaincus et captifs. Les momies sur lesquelles on observe de telles peintures, appartenaient, selon toute apparence, à des familles de la caste militaire.

m. SCARABÉES FUNÉRAIRES.

L'image, de plein relief et exécutée en matières variées, de cet insecte sacré, emblème des dieux *Phtha* et *Phré*, symbole de la génération de la naissance et par suite de la renaissance ou résurrection, était placée dans l'estomac, dans la main, sur la poitrine, ou derrière l'oreille des corps embaumés; et si l'on s'arrête à l'hypothèse que les *scarabées* de terre émaillée purent faire l'office de petite monnaie, comme les *couris* de l'Inde, on pourra voir dans les grands *scarabées funéraires*, des espèces de monnaies d'un grand module portant le nom du défunt, et tenant lieu de l'*obole* que d'autres peuples plaçaient dans la bouche des morts, pour payer leur passage au nautonnier Caron dont le nom et le mythe, tout entier, sont incontestablement d'origine égyptienne. Les inscriptions de ces scarabées offrent une prière, constamment la même, et ne diffèrent que par le nom propre du défunt.

P. 413 à 417 — *Terre émaillée, émaux variés.* Scarabées funéraires. Le n° 1er présente sur le corselet l'oiseau de *Bennó*, l'une des formes d'*Osiris*, et les déesses *Isis* et *Nephthys*, accompagnées de la légende hiéroglyphique, les *deux divines sœurs*, ou les *déesses adelphes*.

418 à 420 — *Pâtes colorées.* Scarabées funéraires. Le premier de cette série porte le nom d'un certain *Onnophris*.

421 à 425 — *Verres colorés.* Monumens du même genre.

426 à 431 — *Pierre émaillée. Idem.* Le second contient le nom d'une femme nommée *Morsakhons.*

432 à 442 — *Pierre calcaire. Idem.* L'un d'eux offre sur son corselet la trace des titres sacerdotaux et du nom du défunt. Un second porte une

inscription relative à *Thetmouthis*, prétre d'*Ammon*.

P. 443 à 450 — *Roches.* SCARABÉES FUNÉRAIRES. Deux avec inscriptions.

451 à 459 — *Spath vert.* SCARABÉES FUNÉRAIRES. Plusieurs avec légendes relatives à une femme appelée *Morsamoun*, à *un prétre* et au nommé *Pétekhonsis*.

460 à 480. — *Serpentine.* Monumens du même genre, pour la plupart avec inscriptions, à cause du peu de dureté de la matière. On y trouve successivement mentionnés les défunts *Okphé*, *Khaé*, *Thetkhonsis*, *le prétre d'Ammon Hiérogrammate de Thèbes Khonsoumosis*, etc.

481 à 505. — *Basalte vert et basalte noir.* SCARABÉES FUNÉRAIRES, sans légendes. L'un d'eux porte une inscription suspecte; un autre est doré sous sa base.

506 à 562 — *Jaspe vert varié, jaspe olive, jaspes variés.* SCARABÉES FUNÉRAIRES. Plusieurs avec inscriptions relatives aux nommés *Phthamosis*, *Kabi*, *Môten*, *Harmosis*, *Nofrénamoun*, *Tenthbour*, etc.

563 — *Serpentine.* GRAND SCARABÉE FUNÉRAIRE. Le corselet est décoré du disque, du croissant et des deux yeux symboliques. Sur l'élytre droite le dieu *Phré* (le soleil), sur l'élytre gauche *Osiris*. Sur le dessous de la base on a gravé le même dieu entre les déesses *Isis* et *Nephthys*.

564 — *Idem.* SCARABÉE A TÊTE HUMAINE. Légende ordinaire avec la place du nom du dé

funt non gravé ; ce qui démontre que les parens des défunts achetaient les scarabées funéraires déjà préparés , et qu'on oubliait souvent d'y inscrire le nom du mort sur lesquels on les plaçait.

P. 565 — *Serpentine*. SCARABÉE A TÊTE HUMAINE. La base découpée en forme de vase *Héri*. Légende relative au nommé *Satouôth*.

566. — *Jaspe vert*. SCARABÉE A FACE HUMAINE. Sur la base les titres du nommé *Posammon*, gravés sur une légende beaucoup plus ancienne et presque effacée à dessein.

567 — *Serpentine*. SCARABÉE A TÊTE HUMAINE relatif à une femme appelée *Ta..... chonsis*.

568 — *Spath vert*. Masse de SCARABÉE non terminée. Inscription sous la base.

569 — *Idem*. Autre à peu près semblable : le corselet manque ; sur les élytres l'oiseau de Bennô. Au-dessous , la place marquée d'une inscription de quatre lignes.

o. AMULETTES FUNÉRAIRES, *représentant divers instrumens de métiers qui pouvaient avoir trait à la profession des défunts, aux momies desquels ces amulettes se rapportent.*

P. 570 à 574 — *Terre émaillée*. Petits JOUGS.

575 à 580 — *Terre émaillée et bronze*. Petites PIOCHES.

581 à 586 — *Terre émaillée*. Petites HOUES.

587 à 591 — *Idem*. Petits SACS A SEMENCE.

P. 592 à 594 — *Terre émaillée.* FUSEAUX ornés de têtes d'Hathôr et de fleurs de lotus.

595 et 596 — *Idem.* Petites NAVETTES.

597 à 609 — *Hématite.* Petits NIVEAUX de maçon.

610 à 620 — *Idem.* Petites ÉQUERRES.

621 à 637 — *Pâte vitreuse, basalte, roches, cristal enfumé.* Sortes de *polissoirs*, formés de la représentation des doigts index et majeur de la main droite.

638 à 642 — *Pâte vitreuse. Polissoirs* sans aucune désignation de la forme des doigts.

Q. IMAGES FUNÉRAIRES.

———

CES figurines, de matières très diversifiées, et qui dans leur forme générale sont des imitations plus ou moins exactes d'une *momie* ou corps humain enveloppé de bandelettes, se trouvent dans les catacombes de l'Égypte, où on les déposait auprès des morts, souvent en très grand nombre. Ainsi, par exemple, le Musée Royal possède 46 images funéraires d'un même individu, nommé *Onkhor;* et dans le tombeau du Pharaon Thébain *Ousiréi*, découvert par Belzoni, on trouva plusieurs milliers de ces figurines.

Les inscriptions dont ces statuettes sont chargées, contiennent habituellement le nom propre et la filiation d'un individu, et de plus, l'indication des fonctions publiques que le défunt avait remplies de son vivant; on peut donc, en recueillant avec soin ce genre de monumens, qui, au premier coup d'œil, offre si peu de variété, en former une suite du plus haut intérêt, puisque, en les classant d'après les indications fournies par leurs légendes, on recomposera ainsi la série des castes, celle des fonctions publiques, et en un mot le tableau fidèle de l'organisation sociale des Égyptiens. On portait un soin tellement religieux dans la fabrication de ces figurines, qu'un grand nombre d'entre elles offraient réellement le *portrait* du personnage auquel elles étaient consacrées. On peut se convaincre de ce fait, en comparant les numéros qui se rapportent à un même individu; l'extrême différence de travail et de matière qu'on observe parmi les images funéraires d'un même défunt, conduit naturellement à l'idée que ces images étaient offertes au mort par ses parens, ou ses amis, qui les faisaient exécuter d'une manière plus ou moins riche, selon leurs moyens pécuniaires.

Ces figurines ont, comme la plupart des

momies, les bras croisés sur la poitrine, et leurs mains, qui sont censées sortir des bandelettes, tiennent presque toujours une *pioche*, une *houe*, et un *cordon* aboutissant à un petit *sac* destiné à renfermer des semences et qui pend sur les épaules de ces statuettes. Ces instrumens font allusion aux travaux agricoles auxquels les âmes quittant la terre étaient censées se livrer dans les Champs-Élysées où était situé le palais d'Osiris ; ces attributs sont communs aux images funéraires des rois aussi-bien qu'à celles des personnages les plus pauvres.

1°. Rois.

Q. 1 à 35 — *Bois et terre émaillée.* Images funéraires de Pharaons, ou *Rois de race égyptienne.* La plupart de ces figurines ont été décrites parmi les monumens royaux (*voir* D. §. I et II), où l'on trouvera le nom des rois que chacune de ces figurines représente.

2°. Magistrats.

36 à 49 — *Calcaire blanc peint et bois peint.* Images funéraires de magistrats, ou officiers de justice, portant le titre d'*auditeurs de justice dans le palais de vérité.* Les nᵒˢ 47 et 48 se rapportent à un fonctionnaire qualifié d'*auditeur de la justice du roi dans le palais de la vérité.*

On doit remarquer que toutes ces figurines sont *imberbes :* ce qui indique le haut rang des personnages qu'elles représentent.

3°. CASTE SACERDOTALE. *Prêtres.*

Q. 50 à 64 — *Bois et terre émaillée.* IMAGES FUNÉRAIRES de divers membres du corps sacerdotal et en particulier d'un *prêtre royal* (50), de PRÊTRES d'*Ammon* et de *Neïth* (51 à 53), de la déesse *Souan* ou *Lucine* (55), du dieu *Horus* (59), du dieu *Thôth* (60) et du dieu *Nofre Atmou* (61).

65 à 79 — *Porcelaine et terre émaillée.* IMAGES FUNÉRAIRES de *pères-prêtres* ou *prophètes ,* et d'un *prophète* de la déesse *Hathôr* (65 à 68).

71 à 82 — *Bois de sycomore, bois peint, terre émaillée et terre cuite.* IMAGES FUNÉRAIRES de *libanophores* ou prêtres chargés de présenter l'encens aux dieux *Ammon* (72 et 77) et *Khons* (71 et 76).

83 à 89 — *Bois et serpentine.* IMAGES FUNÉRAIRES de *Psammétichus* (88), de *Réma* (89) et de *Petaménoph* 83 à 88, *prêtres chargés des offrandes funéraires.* Des figurines de ce dernier individu existent dans la plupart des collections égyptiennes de l'Europe.

4°. CASTE SACERDOTALE. *Hiérogrammates.*

90 à 110 — *Porcelaine, terre émaillée et albâtre.* IMAGES FUNÉRAIRES d'HIÉROGRAMMATES, OU

scribes sacrés, l'une des premières subdivisions du corps sacerdotal. Ces fonctionnaires étaient attachés aux temples principaux des grandes villes, telles que *Thèbes* (90, 93 à 107), ou plus particulièrement au temple d'une divinité particulière, telle qu'*Ammon* (105), *Thermouthis* et *Khons* (100 à 103). D'autres *Hiérogrammates* étaient chargés de l'administration des revenus des temples (128).

5°. Basilicogrammates.

Q. 111 à 119 — *Pierre émaillée, bois peint, bois d'ébène et terre émaillée*. Images funéraires, représentant des secrétaires royaux, agens immédiats de la puissance royale, attachés à la personne du souverain (114 à 118), aux tribunaux de justice (112 à 113), ou à l'administration du palais des rois (119).

6°. Fonctions diverses.

120 à 129 — *Terre émaillée, bois peint et terre cuite*. Images funéraires d'un archiprophète (120), de *prêtres* d'un ordre particulier, qualifiés de *maïnouté* (amis de dieu) (121 à 125), et de *prêtres spondistes* ou *chargés des libations* (126 à 129).

7°. Fonctionnaires de divers ordres.

130 à 174 — *Porcelaine, terre émaillée, grès, bois, calcaire blanc, bois vernissé et peint, terre cuite peinte et terre émaillée*. Images funéraires

d'individus ayant rempli des fonctions diverses, telles que l'*administration des terres royales* (130 à 132), des *commandemens militaires* (137, 166, 167 à 172), la *surveillance des temples* (146 à 148), un *service personnel auprès des rois* (150 à 163), etc., etc.

8°. INDIVIDUS NON TITRÉS. (Hommes)

Q. 175 à 189 — *Bois divers.* IMAGES FUNÉRAIRES avec ou sans légendes, représentant des individus non titrés. Le n° 177 offre les restes d'une inscription en *caractères hiératiques.*

190 à 195 — IMAGES FUNÉRAIRES en *terre cuite,* avec ou sans légendes.

196 à 210 — IMAGES FUNÉRAIRES en *albâtre.*

211 — IMAGE FUNÉRAIRE en *granitèle,* avec légende.

212 à 269 — *Porcelaine et terre émaillée.* IMAGES FUNÉRAIRES, avec ou sans légendes.

9°. IMAGES FUNÉRAIRES DE FEMMES.

270 à 322 — IMAGES FUNÉRAIRES de FEMMES, avec ou sans légendes, en *bois, terre cuite, pierre calcaire, serpentine, albâtre oriental, terre émaillée et porcelaine.*

R. COFFRETS DESTINÉS A RENFERMER LES IMAGES FUNÉRAIRES (Q. 1 à 322). *On les plaçait à côté des momies, dans les catacombes.*

———

R. 1 à 4 — *Bois peint.* COFFRETS FUNÉRAIRES SIMPLES (*1 et 2*), *ou à double compartiment* (3 et 4), peints en bois veiné ou à encadremens coloriés, offrant l'image d'un prêtre royal, assis sur un fauteuil ou adorant *Osiris-Défunt*, sous la forme d'une momie revêtue de plumes coloriées. Ces quatre coffrets renfermaient les images funéraires d'un seul et même individu.

5 — *Idem.* COFFRET SIMPLE *à soubassement carré. Partie antérieure :* Tableau représentant le défunt *Ouoteptho,* adorant Osiris-Pethempamentès. *Sur les côtés :* Les quatre génies des morts. *Face postérieure :* Le défunt soutenant l'emblème de la *vie,* passé dans son bras gauche, reçoit sur ses mains la boisson divine, que la déesse Netphé verse du haut de l'arbre persea. Au pied de l'arbre mystique, une *âme* se désaltérant.

6 — *Idem.* COFFRET *peint à l'imitation d'un bois veiné.* Sur la *face antérieure*, une femme défunte, nommée *Touèb,* adorant Osiris.

7 — *Idem.* COFFRET EN FORME DE PYLÔNE; corniche ornée du disque ailé. *Face antérieure :* Anubis, portier des dieux, conservateur du

12

corps des défunts, tenant une bandelette et un vase à cire ; les déesses Isis et Nephthys pleurant sur la momie du défunt, nommé *Taho*, fils de *Togherhèb*. *Face postérieure* : La déesse Netphé debout, armée du fouet et des emblèmes de la justice. *Sur les côtés* : Les quatre génies et les dieux gardiens des morts. Schacal en repos sur le couvercle.

R. 8 — *Bois peint*. COFFRET EN FORME DE PYLÔNE. *Face antérieure* : *Bari* symbolique portant les dieux et les déesses Sôou, Tafné, Osiris, Isis, Nephthys, Horus et Thôth ; le vaisseau navigue sur le caractère hiéroglyphique de l'*eau* peint en grand. *Face postérieure* : La bari du dieu *Phré* (le soleil), adoré par le dieu *Ooh-Thóth* (la lune), et par deux femmes, dont la coiffure est parée de fleurs de lotus (les deux grandes divisions de l'Égypte personnifiées). *Faces latérales* : Emblèmes divers, et *Anubis* présentant le corps du défunt, nommé *Hor*, *fils de Petammon*, à son père *Osiris*.

9 — *Idem*. COFFRET DOUBLE. *Face antérieure* : La momie de la défunte placée entre un autel chargé d'offrandes, et la porte de la catacombe qui devait la recevoir. *Face postérieure* : Anubis sous la forme d'un schacal.

10 — *Idem*. COFFRET DOUBLE. *Face antérieure* : Le défunt *Phapetté*, adorant *Osiris* assisté d'*Isis*. *Face postérieure* : Le même, adorant *Osiris* assisté d'*Anubis*. *Sur les côtés* : Les quatre génies des morts. Ce coffret renferme encore les quatre images funéraires de PHAPETTÉ, *employé dans le Ramesèsion*, un des palais de Thèbes, bâti par Ramsès-le-Grand.

R. 11 — *Bois peint.* COFFRET *à trois compartimens.* Le défunt *Onnophris*, adorant Osiris. Les deux génies des morts, *Api* et *Kebhsniv.*

12 — *Idem.* COFFRET *idem. Face antérieure :* Adoration d'*Osiris-Pethempamentès*, assisté de ses sœurs *Isis* et *Nephthys*, par le hiérogrammate de Thèbes *Pakoa. Face postérieure :* L'examen de la conduite de l'âme du défunt *Pakoa*, dont les actions sont pesées dans la balance infernale par Anubis et Thôth, en présence du dieu *Phré recteur de l'Occident. Faces latérales :* Le défunt en pied. Légendes hiéroglyphiques.

13 — *Idem.* COFFRET se rapportant au même *Pakoa.* Adoration d'Osiris assisté d'Anubis, et du dieu *Phré* assisté de sa fille la déesse *Thmé* (la Vérité).

14 — *Idem.* COFFRET *à trois compartimens.* Le défunt *Ponkhsamoun*, adorant Osiris.

15 — *Idem, idem. Face antérieure :* Les quatre génies des morts, et l'âme de la défunte *Onkhsanisis.* Longues légendes hiéroglyphiques extraites du rituel funéraire.

S. VASES FUNÉRAIRES.

LES parties intérieures des corps, confiés à la classe de prêtres nommés *Taricheutes* et *Cholchytes* chargés de l'embaumement des morts, étaient toujours préparées à part ; on embaumait séparément le cerveau, le cœur, le foie, et les autres viscères, que l'on enveloppait dans des langes après les avoir imprégnés d'une liqueur conservatrice : ces paquets, de forme cylindrique, étaient ensuite renfermés dans des *vases* d'un galbe particulier, et dont les couvercles portaient les têtes symboliques des quatre génies des morts, *Amsèt*, *Hapi*, *Soumautf* et *Kebhsniv*, enfans d'Osiris, qui étaient censés présider à l'embaumement, sous la direction d'*Anubis* leur frère. (Voir A. 786.) Ces *vases funéraires*, que, naguères, l'on croyait à tort représenter un dieu égyptien nommé *Canope*, étaient toujours au nombre de *quatre* pour une seule momie : on les déposait dans le voisinage du corps dont ils renfermaient les parties intérieures.

S. 1 à 4 — *Albâtre oriental zoné.* VASES FUNÉRAIRES ornés d'une double inscription hiéroglyphique, recommandant à la protection des quatre GÉNIES des morts et des quatre DÉESSES-MÈRES, *Isis*, *Nephthys*, *Neïth* et *Selk*, l'âme du défunt, nommé *Horus*.

5 à 8 — *Albâtre oriental.* VASES FUNÉRAIRES renfermant les parties intérieures du corps d'un personnage nommé *Amon-Sé*, fils de *Thanofré* ou *Thanoufi*.

9 à 11 — *Albâtre zoné.* Trois vases funéraires avec légendes hiéroglyphiques relatives à un nommé *Phanrès attaché au temple de Phtha à Memphis.*

S. 12 — *Albâtre zoné*. VASE FUNÉRAIRE avec inscriptions mentionnant un second fonctionnaire
du temple Phtha, à Memphis, nommé *Thotonofris*.

13 à 16 — *Idem*. VASES FUNÉRAIRES ayant dépendu
d'un même corps embaumé, mais sans inscriptions hiéroglyphiques.

17 à 23 — *Idem*. VASES FUNÉRAIRES de diverses
grandeurs ne formant aucune suite complète et
sans légendes hiéroglyphiques.

24 — *Idem*. VASE FUNÉRAIRE provenant du tombeau d'un chef militaire, nommé Piouaï.

25 à 28 — *Calcaire blanc*. VASES FUNÉRAIRES sans
légendes hiéroglyphiques. Les couvercles représentant les quatre têtes des génies des morts, ont
conservé leur peinture primitive.

29 à 34 — *Idem*. VASES FUNÉRAIRES portant pour
couvercles les têtes des génies AMSÈT (tête humaine), HAPI (tête de cynocéphale), SOU-
MAUTF (tête de schacal), et KEBHSNIV (tête
d'épervier), ayant appartenu à diverses momies
et ne formant aucune suite complète.

35 et 36 — *Terre cuite peinte* (*voir* Salle civile,
nᵒˢ 26 et 27).

37 — *Terre cuite*. VASE FUNÉRAIRE; couvercle à
face humaine sans légende.

38 et 39 — *Terre cuite*. Couvercles de VASES FUNÉ-
RAIRES représentant la tête du génie AMSÈT, enduits d'un vernis tout-à-fait semblable à celui des
vases grecs dits étrusques.

40 à 43 — *Calcaire peint*. COUVERCLES *de vases
funéraires*, en forme de disques, sur lesquels

sont sculptées, de relief dans le creux, les têtes symboliques des quatre génies des morts.

S. 44 — *Terre émaillée.* Couvercle de VASE FUNÉRAIRE à tête de *schacal.*

45 à 47 — *Calcaire blanc.* Formes de VASES FUNÉRAIRES non évidés.

48 à 51 — *Bois peint.* PETITS CERCUEILS semblables à ceux qui renferment les momies, à têtes symboliques des quatre génies des morts, destinés au même usage que les *vases funéraires.* L'un d'eux renferme encore des intestins embaumés. Ces objets, que l'on trouve assez rarement dans les catacombes, dépendaient de la momie d'un *hiérogrammate de Thèbes,* nommé *Thôni.* Les inscriptions hiéroglyphiques tracées sur les couvercles et les côtés de ces petits cercueils, sont relatives 1o. au *génie* AMSÈT et à la *déesse-mère* ISIS; 2°. au *génie* HAPI et à la *déesse-mère* SELK; 3°. au *génie* SOUMAUTF et à la *déesse-mère* NEÏTH; 4°. au *génie* KEBHSNIV et aux *déesses* NEPHTHYS *rectrice de l'Occident* et NETPHÉ *la mère des dieux.*

52 — *Calcaire blanc.* COUVERCLE d'un petit CERCUEIL orné de sulptures peintes et d'inscriptions hiéroglyphiques relatives à un personnage nommé *Auphouï.* Ce monument a servi de *vase funéraire,* comme les précédens.

COFFRES MONTÉS EN TRAINEAU.

53 — *Bois.* COFFRE *carré divisé dans l'intérieur en quatre compartimens,* pour recevoir quatre vases funéraires; couvercle mobile. Sur les côtés,

des *mains* de bronze, pour en faciliter le transport. Ce coffre faisait partie de l'embaumement d'un *prêtre d'Ammon-Horus*, nommé *Mandou*. Inscriptions hiéroglyphiques sculptées en creux et d'un beau travail.

S. 54 — *Bois peint.* COFFRE *carré* divisé comme le précédent, pour recevoir les quatre *petits cercueils* (n°s 48 à 51); sur le couvercle mobile, est étendu un *schacal* emblème d'*Anubis* : les quatre faces de ce coffret sont décorées de scènes religieuses sculptées de relief dans le creux, et peintes. — *Première face* : *L'hiérogrammate de Thèbes* THONI adorant OSIRIS *souverain de l'Amentès, source de bien, modérateur des vivans.* — *Seconde face* : Le défunt *Thoni* priant les génies *Amsèt* et *Soumautf.* — *Troisième face* : Le même priant les génies *Hapi* et *Kebhsniv.* — *Quatrième face* : Le défunt présentant des offrandes au dieu *Anubis*, devant lequel sont les attributs d'*Osiris*.

55 — *Bois peint.* COFFRE *carré avec couvercle à bouton*, ayant renfermé quatre *petits cercueils* ou *vases funéraires*, et orné de scènes peintes recouvertes d'un vernis.— *Face antérieure:* La défunte, nommée *Nofré-rompé*, adorant *Osiris* seigneur de l'Occident. — *Faces latérales* : Le dieu *Anubis* préparant la *momie* de son père *Osiris*. — *Face postérieure:* Les déesses *Isis* et *Nephthys* debout.

56 — *Calcaire blanc.* COFFRE à *couvercle mobile* surmonté d'un *épervier*; la corniche est cannelée en rouge bleu et vert sur fond jaune; les quatre faces, également peintes, représentent le dieu *Anubis* accompagné d'une légende hiéroglyphique relative au défunt, dont le coffre a renfermé

les parties intérieures : elle signifie : *Ceci est l'Osiris, prêtre d'Ammon dans les régions de Oph* (Thèbes) Petôs *homme.*

T. MANUSCRITS FUNÉRAIRES.

———

CES volumes, plus ou moins considérables, sont écrits sur *papyrus* ou papier d'Égypte. On les trouve quelquefois dans les cercueils, et plus souvent sous les bandelettes même qui enveloppent la momie embaumée, entre les mains, sous le bras, ou entre les jambes. (voir M. 67); souvent aussi ces manuscrits sont renfermés dans des statuettes de divinités, dont l'intérieur a été creusé pour leur servir d'étui (voir U).

a. MANUSCRITS EN ÉCRITURE HIÉROGLYPHIQUE.

T. 1 — MANUSCRIT HIÉROGLYPHIQUE. *Scènes religieuses, tableaux symboliques.* Ce magnifique papyrus, d'une étonnante conservation, et dont les couleurs sont encore dans toute leur fraîcheur, se compose de textes relatifs aux sujets suivans (à partir de la droite du spectateur) :

1°. Un Egyptien nommé *Amménèmes* fait une libation et offre les parfums au dieu *Phré* (le Soleil), assis dans un riche naos ;

2°. Le même personnage agenouillé, adresse une longue prière au dieu *Phré-uræophore,* et à l'oiseau sacré d'*Osiris-Bennou ;*

3°. *Amménèmes* priant huit des divinités qui président aux diverses demeures des âmes ;

4°. Le même personnage debout ; devant lui, le vase *héri* symbole du *repos* et de l'*équité* ;

5°. *Amménèmes*, guidé par la déesse *Thméi* (la justice et la vérité), se présente devant le trône d'*Osiris*. *Horus* pèse ses actions dans la balance infernale, en présence du dieu *Thôth* qui prend la forme d'un cynocéphale tenant la *palette* d'hiérogrammate ;

6°. La *bari* mystique du dieu Phré (le Soleil) à tête de scarabée, assisté des dieux *Thôth* à tête d'*Ibis*, et *Héki* son pilote, à la suite duquel est le défunt *Amménèmes*. Le vaisseau navigue sur le caractère du *ciel* : au-dessous le grand serpent *Apophis*, le Python égyptien, expirant et percé de glaives ;

7°. Les quatre Génies des morts ;

8°. Le disque du *Soleil intellectuel* adoré par les *âmes pures*, figurées par des oiseaux à tête et bras humains ; la première en marche est celle du défunt *Amménèmes* ;

9°. L'*âme* de ce même personnage adorant *Osiris-Ophiocéphale* et trois de ses parèdres ;

10°. *Amménèmes* adorant *le disque du Soleil* dans son vaisseau mystique ;

11°. La *momie* du défunt et les emblèmes des quatre régions habitées par les âmes ;

12°. Le défunt recevant les offrandes funéraires ;

13°. *Anubis* conduisant le défunt *Amménèmes* à l'entrée de la demeure d'*Osiris* ;

14°. Le défunt en présence d'Osiris ; devant le dieu , sont ses attributs spéciaux groupés : le *thyrse*, la *peau de panthère* et la *coupe* ;

15°. *Amménèmes* agenouillé , adorant la *lumière première* , vers laquelle se dirigent les âmes ;

16°. Le défunt adorant les Génies des morts à face humaine.

T. 2 — MANUSCRIT HIÉROGLYPHIQUE contenant une suite de *tableaux symboliques*, dans lesquels sont figurés les formes emblématiques et les attributs de différentes divinités , et principalement ceux des dieux *Phré* (le Soleil) et *Osiris*. Voici l'indication des sujets , en allant de droite à gauche : 1°. un Egyptien nommé *Amenhem....* adresse une prière au *dieu de la lumière venant du ciel , dont les yeux illuminent le monde matériel et dissipent les ténèbres de la nuit*, etc. : dans le tableau qui suit cette prière, on a figuré des *âmes* et des *hommes* adorant un disque lumineux ; 2°. prière à *Phré, dieu grand, manifesté dans les deux firmamens*, et symboles des deux formes de cette divinité ; 3°. prière aux dieux *Phré* et *Thôth* : autre symbole de *Phré* ; 4°. prière à la déesse *Netphé*, la grand'mère des dieux, pour qu'elle accorde à l'égyptien *Amenhem*, la *contemplation du disque de la lumière dans toute sa splendeur ;* le tableau représente la déesse *Netphé*, dont le corps couvert d'étoiles se recourbe comme pour circonscrire l'espace ; c'est LE CIEL personnifié : le dieu *Sôou*, l'une des formes de *Knèph* ou le *Démiurge*, placé entre l'*Orient* et l'*Occident* personnifiés sous l'apparence de deux femmes , élève , dans l'espace circonscrit par LE CIEL (Netphé), le *vaisseau* du SOLEIL, dont il semble ainsi déterminer le cours ; 5°. prière à OSIRIS, *seigneur de la région de stabilité.* Les emblèmes de ce dieu, ainsi que THÔTH *ibiocéphale*, sont renfermés dans un cercle formé par le *serpent* qui se mord la queue, emblème de *l'éternité* ; 6°. prière à toutes les divinités qui président aux régions habitées par les âmes, représentées symboliquement dans le grand tableau suivant ; 7°. à 10°. courtes invocations aux dieux *Osiris*, *Nofré-Atmou*, et à la vache sacrée d'*Hathór*.

T. 3 — MANUSCRIT HIÉROGLYPHIQUE. *Scènes religieuses et tableaux symboliques. Figures peintes en jaune.* Une femme nommée *Sémouthis* offrant une libation et une botte d'oignons au dieu *Osiris.* Les quatre Génies des morts et le serpent mystique ; les yeux du Soleil et de la Lune, et les gouvernails de leurs baris ; divers animaux sacrés ; *Isis*, sous la forme d'une *uræus* à tête de lion, et *Nephthys*, sous celle du même serpent à tête de vautour ; la déesse *Thméi* tenant un glaive et des animaux typhoniens.

4 — MANUSCRIT HIÉROGLYPHIQUE. *Scènes religieuses et tableaux symboliques.* Une femme nommée *Tadjôkankhons*, agenouillée, présentant le vase *Héri* au dieu *Osiris*, sous la forme d'un *grand serpent ailé*, accompagné de la déesse de la justice, *Thméi.* La *déesse de l'Amenthès*, *Thoèris* et le dieu *du feu* ; la grande *âme du monde* sous la forme d'un bélier ; *Typhon* ; les emblèmes de cinq régions des âmes ; le *dieu du feu* ; *Anubis Lycomorphe* ; les quatre *gouvernails* mystiques combinés avec l'uræus de la déesse

Souan qualifiée de *bienfaitrice dans le ciel du Nord, du Midi, de l'Orient et de l'Occident;* l'*âme* de *Tadjôkankhons*, sous la forme d'un *épervier à tête humaine*, adorant la vache sacrée d'Hathôr.

T. 5 — Manuscrit hiéroglyphique. *Scènes religieuses et tableaux symboliques.* Un personnage nommé *Djokan - mouthis*, *qualifié de prêtre d'Amon-Ra roi des dieux et du dieu Khons*, *hiérogrammate de Thèbes*, adorant *Osiris-Onnophris* à face noire, assisté d'*Isis* son épouse; *Anubis*, présente le défunt à *Horus* conduisant le grand serpent *Apophis* dont le corps se termine en tête de schacal; huit gardiens du palais d'Osiris; le serpent-amphisbène, emblème du temps, et le dieu *Sév* (Saturne), renversé, et reconnaissable à la couleur verte de ses chairs; quatre *hommes noirs* (des impurs ou des profanes) dans un bassin rempli d'un *feu liquide*, comme l'indiquent les légendes environnantes.

6 — Manuscrit hiéroglyphique *colorié*, entièrement formé de tableaux symboliques relatifs au système *psychologique* des Egyptiens. On y a représenté les divers états de l'âme, ainsi que les divinités qui président à ses transmigrations. Ce papyrus appartenait à la momie d'une femme nommée *Thetchonsis.*

7 — Manuscrit hiéroglyphique du même genre que le précédent : provient de la même momie que le n° 4.

8 — Manuscrit hiéroglyphique, contenant un extrait des diverses parties du *grand rituel funéraire*, intitulé Livre des Manifestations a la

LUMIÈRE. Ce papyrus, orné de peintures coloriées avec beaucoup de soin, appartenait à la momie d'un *grammate* ou *secrétaire de justice* nommé *Névoten*.

La grande scène initiale représente ce magistrat, vêtu de blanc, suivi de sa mère *Amenhem-hèb*, et de sa sœur *Hnisannoub*, faisant des offrandes au dieu *Osiris*, assis sur un trône dans un *naos* richement décoré. Le texte qui suit ce tableau religieux, est extrait de la première partie du *rituel*, et contient les prières relatives au transport de la momie du défunt dans l'hypogée de sa famille, cérémonie retracée avec détail dans la longue vignette placée au-dessus du texte. On voit au centre de cette composition la *momie de Névoten*, étendue sur le *lit funèbre*, placée dans une *barque* portée sur un *traîneau* que tirent quatre bœufs. La mère du défunt, *Amenhem-hèb*, les cheveux épars et la tunique souillée en signe de deuil, pleure sur la momie de son fils. Deux femmes, figurant les déesses *Nephthys* et *Isis*, vêtues de rouge, veillent à la tête et aux pieds du mort. A côté de la barque funèbre est un *prêtre* d'Osiris, reconnaissable à la *peau de panthère* qui le couvre ainsi qu'à l'*encensoir* et au *vase à libation* qu'il porte dans ses mains. Quatre hommes conduisent sur un second traîneau un grand *coffre noir*, en forme de *naos*, renfermant les vases funéraires qui contiennent les viscères et les intestins du défunt, embaumés séparément (*voir* S, n° 53). Le dieu Anubis à tête de schacal, prend possession de ce coffre funéraire que suivent immédiatement les parentes du mort, échevelées, vêtues de tuniques souillées de cendre ou de poussière. A la suite de ces femmes, qui se lamentent, comme l'indique la position de leurs bras, viennent les parens ou les amis de *Névoten*, en habit de deuil, et tenant un long bâton dans leurs mains. Dans la dernière partie de cette curieuse peinture, près d'un amas d'*offrandes* de divers genres, on remarque la mère du défunt disant le dernier adieu à la momie de son fils. *Le prêtre d'Osiris* accomplit les dernières cérémonies sur la momie dressée devant l'entrée de l'*hypogée*, ou catacombe de sa famille. La porte en est ouverte, et le dessinateur a tracé au-dessous le *plan* même de l'hypogée. Un long *escalier* conduit à une porte peinte en jaune, donnant entrée dans une première *salle* où se voient un *autel* et un *fauteuil*; une seconde porte conduit à un *cabinet* qui communique à la *grande salle*, dans laquelle est une estrade portant la momie du mort. Une *galerie*, parallèle à cette grande salle, renferme les coffrets et les offrandes funéraires.

Dans les quinze petites *vignettes peintes* qui suivent, on voit le défunt, vêtu de blanc, adorer successivement les *génies des huit régions d'Hermès*, les *génies de l'Orient*, les oiseaux sacrés *Bennou* et *Ghenghen*, l'*esprit d'Atmou* sous la forme d'un bélier, le dieu *Phtha* dans son *naos*; enfin divers animaux et emblèmes sacrés : les autres vignettes sont relatives aux divinités qui président à l'embaumement des corps. Au-dessous de chaque vignette est placé le texte qui s'y rapporte directement.

T. 9 — MANUSCRIT HIÉROGLYPHIQUE (suite du précédent). Le défunt *Névoten* adore *Osiris*, suivi d'*Anubis* et *de ses parèdres* ; il se présente ensuite comme suppliant dans le *palais de la vérité*, où sont les images des 42 juges des morts. Plus loin il adore *Osiris* dans un *naos* au milieu de l'*Amenti;* devant le dieu est la *balance* pour peser la conduite des âmes, la *plume d'autruche*, emblème de *la justice*, et le *cerbère* égyptien. Ce monstre, composé des formes combinées du *crocodile*, du *lion* et de l'*hippopotame*, est couché près d'un *bassin de feu*. Le défunt *Névoten* admis dans le *palais de la vérité*, où est l'*Arche symbolique du Soleil*. Il navigue ensuite *dans le ciel* accompagné de sa femme *Mouthem-hèb*, dans un vaisseau à voile. Un autre tableau représente le défunt contemplant le vaisseau sacré du dieu *Phré*. Le texte qui suit immédiatement cette scène est relatif aux divinités qui président à la conservation des divers membres du corps humain. Une traduction d'un texte analogue a été publiée dans le second volume du *Voyage* de M. Cailliaud à *Méroé*. La fin de ce beau manuscrit est détruite.

T. 9 — Manuscrit hiéroglyphique *extrait des trois parties du grand rituel funéraire*, orné de *peintures* relatives aux divers textes. On y remarque successivement, 1º. Le défunt Khonsoumosis, *prêtre d'Ammon dans Oph, hiérogrammate du temple de la déesse Mouthis-Bouto, membre du collége des hiérogrammates de Thèbes, faisant une libation et offrant l'encens au dieu* Phré-Atmou, *seigneur du grand temple;* à Osiris *Pethempamenthès*, surnommé *Onnofris, modérateur des vivans;* à Isis, *grand'mère divine*, et à *Nephthys, déesse adelphe*, comme portent les légendes hiéroglyphiques tracées au-dessus des personnages de la première scène;

2°. *Khonsoumosis*, adorant les emblèmes de la *demeure des morts ;*

3°. Le même personnage, *labourant* et *coupant la moisson* dans les *champs élysées*, au milieu des âmes pures.

T. 11.—Manuscrit hiéroglyphique (suite du précédent); 4°. Le défunt *Khonsoumosis*, suppliant à l'entrée de leur palais, dont les portes sont ouvertes, les *quarante-deux* juges *des âmes* dans l'*Amenti ;*

5°. Le même, présentant des offrandes de pains à *huit* des *gardiens du palais d'Osiris*, à têtes de rat et d'*uræus* alternées ;

6°. Le même, adorant les *quatre Génies des morts*, précédés des attributs d'Osiris, le *thyrse*, la *peau de panthère* et la *coupe*.

7°. Le même, arrivant au *bassin* mystique de *feu liquide*, sur les bords duquel sont quatre cynocéphales.

8°. La dernière scène représente la momie de *Khonsoumosis*, couchée sur le *lit funèbre*, au-dessous duquel sont les *quatre vases funéraires* (voir S). L'âme du défunt plane au-dessus du corps embaumé. Plus haut, les déesses *Isis* et *Nephthys*, devant une table chargée d'*offrandes funéraires*.

T. 12.—Manuscrit hiéroglyphique (Portion d'un), contenant les derniers chapitres de la deuxième partie du grand *rituel funéraire*, et deux chapitres de la troisième. Ce papyrus, d'une très belle écriture et enrichi de peintures, appartenait à la momie d'un *prêtre d'Ammon dans Oph*, nommé Moursahor. La scène principale représente le *jugement de l'âme* dans l'*Amenti* (voir A, n° 871). La déesse *Thmé* ou *Thméi* (la vérité et la justice) tient le défunt *Moursahor* par le bras. Au-dessus est la légende : *Thméi, fille du Soleil, a dit : Approche-toi, Osiris* (défunt) *Moursahor, et contemple Osiris-Pethempamenthès, afin qu'il t'accorde un repos bienfaisant.* Les autres légendes ressemblent à celles déjà traduites dans la description du fragment de papyrus, A, 871. A la suite de la scène du jugement, sont les images des vingt-un GARDIENS du *palais d'Osiris.* Plus loin, les deux *Thôth* (ou Hermès), l'un *hiéracocéphale*, l'autre *ibiocéphale*, ouvrant les portes du ciel et du monde matériel.

b. MANUSCRITS EN ÉCRITURE HIÉRATIQUE.

T. 13 — MANUSCRIT HIÉRATIQUE. *Rituel funéraire* à peu près complet, écrit par une très belle main, orné de *tableaux* et de *vignettes* dessinés en noir, avec une finesse et une pureté de trait admirables. Ce rouleau est de l'espèce de *papyrus* nommée *royale*, la plus précieuse de toutes ; aussi est-il beaucoup moins foncé et a-t-il conservé plus de souplesse que les autres rouleaux découverts jusqu'ici, dans les catacombes égyptiennes.

14 — MANUSCRIT HIÉRATIQUE, contenant les *premiers chapitres* de la deuxième partie du grand *rituel funéraire ;* ce papyrus accompagnait la momie d'un individu appelé OSORSI. Le nom propre n'a point été écrit dans plusieurs formules, où la place est restée vide.

T. 15 — Manuscrit hiératique. Extrait des trois parties du *grand rituel funéraire*. La scène initiale de ce papyrus représente un *prêtre d'Ammon*, adorant le dieu *Osiris à face noire*.

16 — Manuscrit hiératique (Portion d'un). Les textes qui le composent sont des prières aux gardiens du palais d'Osiris, au dieu *Sévek* (Saturne), à *Netphé* (Rhéa), à *Hathôr*, etc., en faveur d'une femme nommée *Thaouaisis*, qualifiée d'*Hathôr* et de *servante d'Amon-Ra*. Ce papyrus est de l'époque græco-romaine.

17 — Manuscrit hiératique contenant une suite de prières extraites de la 1re et 2e partie du rituel funéraire. Le manuscrit commence par une peinture représentant une égyptienne nommée *Thetkhonsis*, adorant Osiris, *le seigneur de l'Orient et de l'Occident*.

18 — Manuscrit hiératique, d'une très belle écriture, du même genre que le précédent. Il provient de la momie d'une femme nommée *Hathôr-Isoëris, fille d'Isoëris*. Les figures, entremêlées au texte, sont d'une mauvaise exécution.

19 — Manuscrit hiératique, d'une belle écriture, contenant aussi des extraits du *rituel funéraire* et des prières en faveur d'une femme nommée *Thentmaht*. Le tableau peint représente la défunte présentant des offrandes à *Osiris* et à sa *divine sœur Nephthys*.

20 — Manuscrit hiératique. *Feuille* de *papyrus* contenant, presque complète, la prière des morts, intitulée Tascho-*Mah-Ouai*, en faveur d'un nommé Arsiesi, *prophète d'Amon-Ra roi des dieux, prêtre de Khons et de Bubastis*. Une

notice très détaillée de ce manuscrit a été publiée dans le second volume du *Voyage* de M. Cailliaud *à Méroé*. Le titre de ce manuscrit se lisait au verso en écriture démotique.

T. 21 — MANUSCRIT HIÉRATIQUE. *Feuille* de papyrus ayant servi d'*hypocéphale*, contenant une supplication à OSIRIS, ainsi qu'à toutes les divinités de l'*Amenthès*, en faveur de SOTER, *fils de* BAPHOR, *qui vécut quatre années entières, cinq mois et deux jours.* Au verso est le nom de Cωτηρ en écriture grecque; on y remarque également la durée de la vie du défunt L. Δ. Μηνων... Ημερας B et les mots υπο την κεφαλην, qui indiquent la destination de ce petit manuscrit. Ce *Soter* était membre de la famille græco-égyptienne de Cornelius Pollius, archonte de Thèbes sous l'empereur Hadrien.

22 — MANUSCRIT HIÉRATIQUE. *Feuille* de papyrus contenant une grande portion de la prière pour les morts, intitulée *Taschô-Mah-Ouai*, en faveur d'un nommé CORNÉLIUS, *fils d'Iséoeri* ou *Isédjer*, de la même famille thébaine que le précédent. Cette prière est une espèce de *litanie* dans laquelle sont invoqués, avec des qualifications variées, la plupart des dieux de l'Égypte. On a publié une traduction d'un texte du même genre dans le second volume du *Voyage à Méroé*, par M. Fréd. Cailliaud. Le verso de ce petit manuscrit en porte le titre en caractères hiératiques, ainsi que le nom propre du défunt *Cornélius*, en *hiératique*, en *démotique* et en *grec*.

23 — MANUSCRIT HIÉRATIQUE. *Feuille* de papyrus contenant les premières formules de la prière

pour les morts, intitulée *Tascho-Mah-Cnau*, par laquelle on supplie « *Hathôr*, déesse de la con- « trée occidentale, de faire prospérer le nom de « Soter, *fils de Baphor*, le jour et la nuit ; « d'assurer à ce défunt une place dans la demeure « céleste, afin que son nom germe dans le ciel « par le dieu *Phré* (le soleil), et dans le monde « physique par le dieu *Sèv* (Saturne) ; de faire « enfin que ce nom soit agréable à Osiris, sei- « gneur de l'occident, et à toutes les puissances « de l'Amenthès, maintenant et à toujours. » Ce manuscrit, trouvé sur la même momie que le précédent, porte aussi au verso le titre hiéra- tique et le nom de Cωτηρ en caractères grecs.

Nota. Le local n'a point permis l'exposition d'un très grand nombre d'autres manuscrits, soit égyptiens, et des trois sortes d'écriture, soit en langue et en écriture grecques.

U. STATUETTES DE DIVINITÉS

Ayant servi d'ÉTUIS aux manuscrits funéraires.

U. 1 — *Bois peint.* STATUETTE représentant le dieu PHTHA-SOCAR-OSIRIS à masque doré. Légendes hiéroglyphiques contenant diverses invocations à cette divinité en faveur d'un individu nommé *Taho.* Sur la même base, un petit coffret sur- monté de l'*épervier* de Phtha-Socharis, renfer- mant un objet embaumé.

U. 2 à 8 — *Bois peint.* STATUETTES semblables à la précédente, portant les légendes funéraires d'un prêtre nommé *Ahmosis*, celles d'un personnage appelé *Onkhmaï*, etc.

9 à 18 — *Idem.* STATUETTES représentant la même divinité, de proportions diverses, avec inscriptions hiéroglyphiques.

19 — *Idem.* STATUETTE D'OSIRIS PET-HEM-PAMENTHÈS, le juge suprême des morts, avec la légende de *Khonsoumosis*, l'un des *scribes sacrés*, ou *hiérogrammates*, de la ville de Thèbes.

20 et 21 — *Idem.* STATUETTES représentant la même divinité, enduites de bitume dans un but de conservation.

V. TABLEAUX FUNÉRAIRES.

CES tableaux sont sculptés sur des tables de pierre ou peints à la détrempe, sur des panneaux de *bois de sycomore* coupés en forme de *stèles*. On les trouve, comme ces derniers monumens, dans les *hypogées* ou catacombes égyptiennes. Les sujets qu'ils représentent sont, en effet, toujours relatifs aux divinités qui présidaient spécialement à la destinée des âmes après leur séparation du corps. Ce sont des *actes d'adoration ou* προσκυνηματα.

V. 1 — *Peinture sur bois*. TABLEAU FUNÉRAIRE *à quatre registres* : 1°. L'emblème du Ier *Thóth* (*l'intelligence divine personnifiée*) ; le disque ailé auquel sont appendues les *uræus* des déesses *Sovan* et *Neïth*, adoré par l'*âme* d'un prêtre d'Amon - Ra roi des dieux, nommé OSOR-OERIS. A droite et à gauche les deux *schacals*, gardiens de l'*hémisphère supérieur* et de l'*hémisphère inférieur du ciel* ; 2°. *l'âme et le corps* d'OSOROERIS, adorant la *bari*, ou vaisseau sacré d'*Amon - Ra*, le soleil visible, accompagné de ses parèdres ; 3°. deux scènes d'adoration : à droite, *Osoroeris*, sous sa forme corporelle, qualifié ici de *fils de la dame de maison Nahmesrito*, suppliant les dieux *Atmou, Sôou-Knéph* et sa sœur jumelle *Tafné* ; à gauche, le même personnage, implorant *Osiris*, *Isis*, *Nephthys* et *Anubis* ; 4°. inscription de 14 lignes, contenant une prière à *Osiris* et à toutes les divinités de l'Amenti et des régions des âmes.

2. — *Peinture sur bois*. TABLEAU FUNÉRAIRE *à quatre registres :* 1°. Emblèmes du *premier Thóth* (voyez V, n° 1) ; 2°. l'âme d'une femme nommée TEISÈSI, et de sa forme corporelle vêtue de la calasiris, adorant la *bari* d'Amon-Ra-Chnouphis suivi de ses *parèdres ;*

3°. La défunte *Teisèsi*, suppliant OSIRIS le juge suprême des morts, assis sur son trône et assisté d'*Isis* son épouse, de *Nephthys* sa sœur, d'*Horus hiérocéphale* son fils, de la déesse *Hathór*, d'*Anubis protecteur des corps* et d'*Anubis gardien de la porte divine* ; 4°. inscription de sept lignes, contenant une prière adressée par *la servante d'Amon - Ra*, TEISÈSI, *fille du prêtre du soleil Osoroéris et de la servante d'Amon-Ra, Th...ós,* au dieu PHRÉ, *l'esprit actif du monde, dieu grand, seigneur du ciel, dieu régulateur, qui lance les jets de sa splendeur dans les deux firmamens, qui illumine le monde par les flèches* (rayons) *de sa lumière, que tous les dieux se réjouissent de contempler,* etc., etc.

V. 3 — *Peinture sur bois.* TABLEAU FUNÉRAIRE *à trois registres :* 1°. Emblème du *premier Thôth,* avec la légende *Thôth, dieu, grand seigneur du ciel;* 2°. un égyptien nommé *Balharóou,* suppliant *Osiris* assisté d'*Isis* et de leurs enfans, les quatre génies des morts; 3°. inscription de cinq lignes, dont voici la traduction : « *Acte* « *d'adoration* à OSIRIS, *qui réside dans l'Amen-* « *thès* (ou contrée occidentale), *seigneur de la* « *région orientale, pour qu'il accorde une maison* « *fournie d'alimens, beaucoup de bœufs et d'oies,* « *beaucoup de parfums, beaucoup de vin et* « *de lait, une grande quantité d'objets d'of-* « *frandes et de tous les autres biens purs, à l'of-* « *ferteur, l'Osiris, surveillant de Thèbes,* BALHA- « RÓOU, *fils de Naónkh.* »

4 — *Peinture sur bois.* TABLEAU FUNÉRAIRE, à peu près semblable au précédent. L'égyptien AMENVA, *fils d'Horus,* adorant *Phré, Osiris, Isis Ptérophore* et les quatre génies des morts. L'inscription de quatre lignes est un abrégé de *l'acte d'adoration* inscrit sur le n° précédent.

5 — *Peinture sur bois.* TABLEAU FUNÉRAIRE du même genre que les précédens. Une égyptienne, dont le nom est détruit, adorant les dieux

Osiris, *Phré*, *Amset* et une divinité *ophiocéphale*. L'inscription à demi effacée est une invocation à *Osiris*, à *Phré* et au dieu *Atmou*, pour qu'ils accordent des biens purs à la suppliante. (Voir V, n° 3.)

V. 6 — *Calcaire blanc*. TABLEAU FUNÉRAIRE. *Figures et ornemens peints, légendes hiéroglyphiques sculptées en creux.* Un égyptien nommé *Phós*, adorant *Osiris* et les quatre génies des morts. Acte d'adoration analogue à celui que présente le n° 3.

7 — *Idem.* TABLEAU FUNÉRAIRE. Emblème du *premier Thôth.* Les deux yeux d'*Osiris-Soleil*, avec la légende, *acte d'adoration à Osiris-Pethempamenthès, dieu grand, seigneur de la région orientale, qu'il accorde une maison, des bœufs et des oies.* Un prêtre d'Ammon, nommé PSAMMÉTICHUS, adorant le dieu *Phré*, ou plutôt OSIRIS, *identifié avec le soleil.* En arrière du trône, *Isis Ptérophore* et les quatre génies des morts. Acte d'adoration au dieu *Phré* et à sa seconde forme *Atmou*, en faveur de *Psammétichus*, fils de *Pétéchonsis* de *Thaáno* ou *Théáno.*

8 — *Idem.* TABLEAU FUNÉRAIRE représentant un *hiérogrammate du temple d'Ammon*, nommé KHONSARITÈS, fils de *Petmehhi*, présentant à *Osiris* et à *Isis* des offrandes consistant en pains, oies, et membres de veau ou de bœuf. Les légendes ne font aucune mention de la femme qui l'accompagne, laquelle peut être l'épouse ou la sœur de cet hiérogrammate.

9 — *Idem.* TABLEAU FUNÉRAIRE. Une égyptienne nommée MÉHHI, adorant les dieux *Phré*,

Anubis, et les déesses *Isis* et *Nephthys*. Les figures sont tracées en noir, ainsi que cinq lignes d'hiéroglyphes contenant *l'acte d'adoration* dans la forme ordinaire.

X. STÈLES FUNÉRAIRES.

———

Ces bas-reliefs, presque toujours coloriés, ont été découverts dans les catacombes égyptiennes : ils étaient pour la plupart encastrés dans les parois des hypogées, près de la momie du personnage en l'honneur duquel on les a exécutés. Ces stèles sont des monumens du *culte* que la piété des Égyptiens rendait aux chefs de famille. Ce culte, pratiqué chez les premiers Grecs, est encore en vigueur dans l'empire de la Chine.

1 — *Calcaire blanc.* STÈLE FUNÉRAIRE, *avec sculptures peintes en jaune* et à quatre registres. On voit dans le premier, OSIRIS *Pethempamenthès, roi des dieux*, assis sur un trône. A sa droite sont : HORUS, *le fils et le vengeur de son père Osiris*, et ISIS, *grand'mère divine, dominatrice du ciel, rectrice de tous les dieux*. Un égyptien, nommé OERI, debout devant un autel chargé d'offrandes, adresse à la principale de ces divinités une prière, gravée dans huit colonnes verticales d'hiéroglyphes, et dans laquelle le dieu reçoit entre autres qualifications ordinaires, celle *d'Osiris*

source de biens, dieu sauveur, modérateur éternel, chef des vivans, roi réformateur des autres dieux issus de Sèv (Saturne), *fils de* NETPHÉ (Rhéa), etc.

Le second registre est divisé en deux tableaux, celui de droite représente le même OERI, offrant une libation et des fleurs de lotus à *son père* TAVÉRI et à *sa mère* OERNIRO. Dans le tableau de gauche, OERI et sa femme THAAMENTI, assis sur des fauteuils, reçoivent à leur tour les libations, l'encens et les offrandes funéraires des mains de leur fils *Rameri.*

Enfin, dans le troisième registre, *Oeri* rend les honneurs funéraires, et offre des libations *de vin et de lait* à son beau-père le basilicogrammate, ou secrétaire royal *Onei*, et à la sœur de ce dernier, nommée *Róou.*

X. 2 — *Calcaire.* STÈLE FUNÉRAIRE *peinte*, à trois *registres :* 1°. Un jeune égyptien nommé *Djom*, faisant une *libation* et présentant les *offrandes funéraires* à son père *Thmé* et à sa mère *Ahmosis*, assis sur des fauteuils ; 2°. un personnage de la même famille nommé *Sémouthis* et sa femme *Romá* assis, recevant les offrandes de leur fille aînée *Mouthnofris* assistée de *Smensis*, de *Mouth-nofris*, ses sœurs, et de ses frères *Faï* et *Khonsou*, tous les quatre assis à l'orientale.

3 — *Calcaire blanc.* STÈLE FUNÉRAIRE, *sculptée et peinte.* Au-dessous des yeux symboliques, est une supplication adressée à *Osiris*, par une femme et en faveur de son mari ; elle demande au dieu tous les biens purs. Un prêtre présente les offrandes funéraires au défunt.

X. 4 — *Calcaire blanc.* STÈLE FUNÉRAIRE *en forme d'entrecolonnement*, consacrée à la mémoire d'un égyptien nommé *Ransonb*, par son père, sa mère, ses cinq frères et ses trois sœurs. Le défunt est représenté assis ; devant lui sont les offrandes funéraires.

5 — *Idem.* STÈLE FUNÉRAIRE. *Figures sculptées et peintes en vert.* Vers le haut de ce monument est la légende royale du quatrième roi de la XVIIe dynastie, accompagnée de titres honorifiques. Les quatre autres registres de cette stèle sont divisés en neuf petits tableaux représentant dix-neuf membres d'une même famille, neuf hommes, neuf femmes et un enfant, recevant les offrandes funéraires. Quatre lignes d'hiéroglyphes sculptées au bas de la stèle, contiennent le nom de quatre autre individus, un homme et trois femmes, dont les images n'ont pu trouver place sur ce monument.

6 — *Grès.* STÈLE *sans figures*, portant une inscription hiéroglyphique de huit lignes, dont voici le sens : *Acte d'adoration à Osiris, seigneur de la région de stabilité, et au dieu grand, seigneur de la contrée orientale, pour qu'ils accordent une demeure pourvue d'alimens, de bœufs, d'oies, de parfums et de cire au suppliant, ainsi qu'aux autres personnages de sa maison,* à KAKO, *fils de la dame de maison* ATHYRTÈ, *à sa femme, la dame de maison* SCHATNOUB, *fille de la dame de maison* HÉRI, *à sa sœur* OËRI, *à sa sœur* ONHAÏ, *à son fils* NÈV....., *et à son fils* IOHAOU.

Nota. Le Musée royal possède un nombre très considérable d'autres stèles funéraires dont la notice sera incessamment publiée.

Y. CÔNES FUNÉRAIRES.

Ces cônes, de simple *terre cuite*, et qu'on nomme vulgairement des *sceaux*, ne sont nullement propres à un tel usage, puisqu'au contraire ils portent eux-mêmes l'*empreinte d'un sceau* sur leur plus grand diamètre. Les inscriptions, en caractères hiéroglyphiques, ne contenant que des *noms propres ou des titres d'individus défunts*, nous autorisent à ne voir dans ces monumens que des espèces d'*étiquettes funéraires*, analogues à ces *tessères* en bois que l'on trouve attachées aux cercueils ou aux enveloppes des momies de l'époque grecque. Il faudrait trouver un ou plusieurs de ces *cônes* à la place même qu'ils occupaient primitivement dans un hypogée non violé, pour déterminer leur vraie destination d'une manière plus précise.

Y. 1 à 3 — CÔNES FUNÉRAIRES portant l'inscription : *Veillez sur l'Osiris* (défunt), *royal fils de la terre de Kouschi* MEIMOSIS.

4 — CÔNE FUNÉRAIRE avec la légende du *basilicogrammate chargé des terres royales de l'Egypte inférieure.*

5 — *Idem*, avec la légende d'un *prêtre d'Ammon* MANDOU-HEM-DJOM, fils du prêtre d'Ammon et hiérogrammate des offrandes à Thèbes, *Phtah-ei.*

6 — *Idem*, avec la légende : *Attaché aux constructions* ou *réparations* (des temples) *d'Ammon*, AMÉNOPHIS, *fils de Sonná* qui avait rempli les mêmes fonctions.

7 et 8 — *Idem*, avec la légende : *Le prêtre d'Ammon* NÉPHÉROTHÈS ou *Nephôthès.*

9 — *Idem*, avec la légende : *Le prêtre d'Ammon* NÉPHÉROTHÈS *et sa femme, la dame de maison* AMÉNOPHIS.

10 — *Idem*, relatif à un *prêtre d'Ammon-Horus*, nommé MANDOU.

11 — *Idem*, avec la légende d'un *hiérogrammate*, faisant partie des prêtres attachés au culte *d'Emphé* ou *Hemèph* ; le nom propre est effacé.

12 à 14 — *Idem :* légendes d'un prêtre d'*Ammon-Ra, roi des dieux.*

15 et 16 — CÔNES FUNÉRAIRES portant des représentations de la *bari sacrée*, adorée par deux personnages : légendes hiéroglyphiques effacées.

17 à 20 — *Idem*, portant le seul titre : *Attaché au temple de Khonsou*, sans nom propre de défunt.

Y. 21 et 22 — Cônes funéraires. Personnage agenouillé ; devant lui le simple titre de *surveillant
de la maison royale.*

Z.   Tessères grecques.

Z. 21 à 27 — *Bois.* Tessères trouvées au cou de différentes momies grecques, et portant, gravés en
creux ou tracés en noir, les noms propres des
défunts avec l'indication de leur parenté, et
quelquefois même celle de leur patrie et de leur
profession.

9 782014 090086